ABRÉGÉ

DE

GÉOGRAPHIE

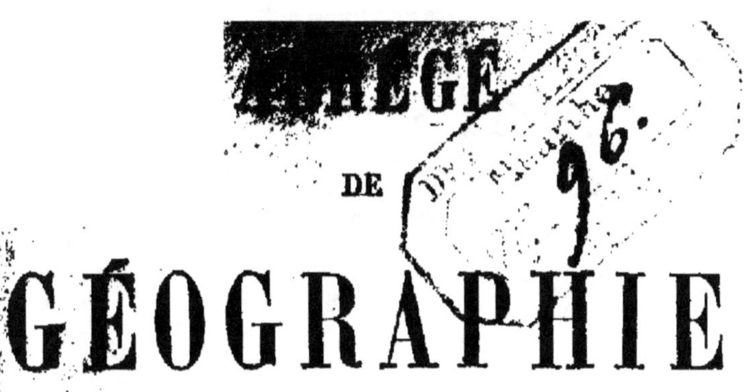

A L'USAGE

DES ÉCOLES PRIMAIRES,

Par M. A. HINZELIN,

Agent général des Ecoles de la ville de Nancy.

NANCY,

GRIMBLOT, Ve RAYBOIS ET Cie, IMPRIMEURS-LIBRAIRES,

Place Stanislas, 7, et rue Saint-Dizier, 125.

1859.

AVERTISSEMENT.

Cet opuscule est spécialement destiné aux écoles *élémentaires*.

En le rédigeant, l'auteur n'a eu d'autre ambition que celle d'être utile à un grand nombre d'enfants qui ne peuvent consacrer qu'un temps très-court à l'étude de la Géographie.

Dans ce but, il a soigneusement écarté de son travail les nomenclatures étendues, et tout ce qui eût été de nature à charger sans profit la mémoire des élèves. Il s'est attaché particulièrement à se bien pénétrer des vues de l'administration ; et le cadre dans lequel il s'est renfermé lui a paru conforme à celui qu'indique S. Exc. M. le Ministre de l'Instruction publique, et qui consiste surtout dans une grande sobriété de développements, sauf toutefois à éviter la sécheresse, écueil ordinaire des abrégés. L'étendue de chaque leçon a donc été réglée sur son degré d'utilité relative ; et les détails, d'autant plus restreints qu'ils se rattachent à des contrées plus éloignées de la nôtre, vont en se multipliant à mesure que l'espace se resserre autour de nous.

C'est ainsi que le chapitre réservé à la France est de beaucoup plus grand que celui qui a été consacré à l'Europe, et que les notions sur l'Europe sont, à leur tour, plus nombreuses et plus variées que celles qui ont été données sur les autres parties du monde.

Il y aurait un avantage incontestable à ce que les élèves pussent savoir exactement et sans restriction, tout ce que contient cet abrégé. Cependant, les paragraphes qu'il renferme n'ayant pas tous la même importance au point de vue géographique, MM. les Instituteurs pourront, si le temps leur manque, dispenser leurs élèves d'apprendre par cœur ce qui est imprimé en *petit texte*. Ils auront soin, toutefois, de faire lire attentivement ces parties, complémentaires, en quelque sorte, du reste, et de les commenter avec les détails qu'elles comportent.

Quant aux cartes géographiques, celles qui existent déjà peuvent toutes s'adapter à l'étude de ce petit manuel.

ABRÉGÉ

DE

GÉOGRAPHIE.

CHAPITRE I.

NOTIONS PRÉLIMINAIRES.

§ I. *Définitions générales.*

DÉFINITION. — La *Géographie* est la description de la terre.

TERRE, SA FORME. — La Terre est une des *planètes* ou corps célestes qui se meuvent autour du soleil ; elle en est éloignée d'environ 170,000,000 de kilomètres, et son volume est 1,400,000 fois moindre que celui de cet astre.

La Terre est ronde; elle a donc la forme d'une *sphère* énorme, c'est-à-dire, d'un *globe* ou d'une boule immense. Sa circonférence est de 40,000 kilomètres, et son diamètre, de 13,000 kil. environ.

CARTES GÉOGRAPHIQUES. — Pour étudier la géographie, on se sert de globes sur lesquels sont représentés les points principaux et les grandes divisions de la surface terrestre; ou bien l'on emploie des *cartes géographiques*, qui ne sont rien autre chose que des dessins ou des images de cette surface ou de quelques-unes de ses parties.

On donne le nom de *Mappemonde* à une carte qui représente les deux moitiés de la Terre, ou *les deux hémisphères terrestres.*

POINTS CARDINAUX. — On a imaginé quatre points, qu'on nomme *points cardinaux*, pour indiquer les positions des différents lieux de la terre les uns par rapport aux autres.

Les points cardinaux sont :

1° Le *Levant*, appelé aussi *Est* ou *Orient*, situé vers le point où le soleil semble se lever;

2° Le *Couchant*, qu'on nomme encore *Ouest* ou *Occident*, situé vers le point où le soleil semble se coucher;

3° Le *Nord* ou *Septentrion* est le point que l'on a devant soi quand on a le levant à sa droite et le couchant à sa gauche;

4° Le *Midi* ou *Sud* est le point que l'on a derrière soi lorsqu'on est tourné vers le nord.

POINTS COLLATÉRAUX. — Les points placés entre les points cardinaux s'appellent *points collatéraux;* les principaux sont :

1° Le NORD–EST, entre le NORD et l'EST;

2° Le NORD–OUEST, entre le NORD et l'OUEST;

3° Le SUD–EST, entre le SUD et l'EST;

4° Le SUD–OUEST, entre le SUD et l'OUEST.

Dans les cartes géographiques, on place le Nord en haut, le Sud en bas, l'Est à droite, et l'Ouest à gauche. Les points collatéraux correspondent aux quatre angles de chaque carte.

Les points cardinaux et les points collatéraux se désignent par abréviation à l'aide de leur lettre initiale : N. veut dire Nord ; S., Sud ; E., Est ; O., Ouest ; N.-O., Nord-Ouest, etc.

MOUVEMENTS DE LA TERRE. — La Terre est soumise à deux mouvements simultanés : le premier, qu'elle exécute sur elle-même de l'Ouest à l'Est en 24 heures, s'appelle le *mouvement diurne* ou *journalier* ; il produit la succession des jours et des nuits. Le second, qui a lieu autour du soleil en 365 jours et environ 6 heures, ou une *année*, se nomme *mouvement annuel* ; c'est lui qui donne lieu au changement des saisons.

L'année ordinaire n'étant que de 365 jours, les 6 heures qui restent forment un jour au bout de quatre ans. Voilà pourquoi tous les quatre ans, il y a une année de 366 jours, qu'on appelle *année bissextile*. Le mois de février a alors 29 jours.

L'année est divisée en 12 mois, parce que la lune fait douze révolutions autour de la terre pendant cet intervalle. Les mois renferment 30 ou 31 jours, à l'exception du mois de février, qui n'en compte ordinairement que 28. Le jour se divise en 24 heures, l'heure en 60 minutes, et la minute en 60 secondes.

Axe. — Le pivot ou l'essieu autour duquel la Terre semble exécuter son mouvement journalier, se nomme *Axe de la Terre* (Voir la planche).

Pôles. — On appelle *Pôles* de la Terre les deux extrémités de son axe.

Le pôle supérieur s'appelle *Pôle nord, arctique* ou *boréal;* le pôle inférieur prend le nom de *Pôle sud, antarctique* ou *austral.*

Cercles géographiques. — Afin que l'on puisse préciser la position des différents lieux de la Terre, on suppose qu'un certain nombre de cercles sont tracés sur sa surface. Ces cercles se nomment Cercles astronomiques ou géographiques.

On est convenu de considérer tout cercle comme étant divisé en 360 parties égales appelées *degrés;* chaque degré est subdivisé en 60 minutes, et chaque minute, en 60 secondes.

Les cercles géographiques sont de deux sortes : les *grands cercles* et les *petits cer-*

cles. Les premiers partagent la terre en deux parties égales, et les seconds la partagent en deux parties inégales.

GRANDS CERCLES. — Les grands cercles sont l'ÉQUATEUR et les MÉRIDIENS.

1° L'*équateur* ou *ligne équinoxiale* a tous ses points à égale distance des deux pôles : il divise la Terre en deux hémisphères, l'*hémisphère* du nord ou *septentrional*, et l'*hémisphère* du sud ou *méridional*. Il ne peut exister qu'un équateur.

2° Les *méridiens*, qui sont perpendiculaires à l'équateur, passent par les deux pôles. La distance d'un pôle à l'autre forme un demi-méridien. Le nombre des méridiens est infini; car on peut faire passer un de ces cercles par chaque point du globe.

Quand le soleil est directement au-dessus d'un point d'un demi-méridien, il est *midi* pour tous les lieux par lesquels passe ce demi-méridien, et *minuit* pour les lieux qui sont situés sur le demi-méridien opposé.

Comme la terre exécute son mouvement diurne de l'ouest à l'est, le *midi* d'un lieu précède toujours le midi de tout autre lieu situé à l'ouest du premier.

Petits Cercles. — Les petits cercles sont parallèles à l'équateur. Parmi les petits cercles on distingue les *deux tropiques* et les *deux cercles polaires.*

1° Les *deux tropiques* sont situés, l'un au nord et l'autre au sud de l'équateur et à une distance de 23 degrés 1/2 de ce cercle. Le premier se nomme *tropique du Cancer*, et le second, *tropique du Capricorne ;*

2° Les *deux cercles polaires* entourent, l'un le pôle nord et l'autre le pôle sud, aussi à une distance de 23 degrés 1/2.

Toutes ces lignes n'existent que d'une manière imaginaire sur le globe terrestre ; mais elles sont tracées pour la plupart sur les sphères et sur les cartes géographiques.

Longitude. — En supposant que l'équateur soit divisé en 360 parties égales ou degrés, et que par chacune de ces divisions passe un demi-méridien, la partie du globe comprise entre deux demi-méridiens consécutifs se nomme *degré de longitude*.

La *longitude d'un lieu* est le nombre de degrés de longitude qu'il y a entre ce lieu et le méridien pris pour point de départ, et qu'on appelle *premier méridien*.

Le premier méridien varie pour les différents pays : en France, on prend celui qui passe par Paris; en Angleterre, c'est celui de Greenwich, près de Londres, etc.

On reconnaît deux longitudes : la *longitude est* pour les lieux situés à l'Est du premier méridien, et la *longitude ouest* pour les lieux situés à l'Ouest de ce même méridien.

LATITUDE. — En supposant chaque méridien divisé comme l'équateur en 360 degrés, chaque demi-méridien en renfermera 180; si, alors, par chacune de ces 180 divisions on suppose qu'il passe un cercle parallèle, la partie du globe comprise entre deux cercles parallèles consécutifs se nommera *degré de latitude*.

La *latitude d'un lieu* est le nombre des degrés de latitude qui séparent ce lieu de l'équateur.

Il y a deux espèces de latitudes ; la *latitude septentrionale* pour les lieux situés au nord de l'équateur ; et la *latitude méridionale* pour les lieux situés au sud.

Zones. — Toute la surface de la Terre est partagée par les petits cercles en cinq bandes ou *zones* qui sont à peu près dans des conditions semblables de température.

Les cinq zones sont : la *zone torride*, les deux *zones tempérées* et les deux *zones glaciales*.

La *zone torride* ou *brûlée* est limitée par les tropiques. Cette zone est ainsi nommée à cause des grandes chaleurs qui y règnent constamment ; elle n'a que deux saisons, l'une sèche et l'autre pluvieuse.

La *zone tempérée* du nord est comprise entre le

tropique du Cancer et le cercle polaire arctique ; elle compte quatre saisons successives : le *printemps*, l'*été*, l'*automne* et l'*hiver*. C'est dans cette zone qu'est située l'Europe.

La *zone tempérée* du sud est déterminée par le tropique du Capricorne et le cercle polaire antarctique. Cette bande terrestre possède à peu près la même température que la précédente ; seulement les quatre saisons s'y succèdent dans un ordre inverse, c'est-à-dire qu'elle a l'hiver quand nous avons l'été, et le printemps quand nous avons l'automne, etc.

La *zone glaciale* du nord, dont le nom vient des froids rigoureux qui y règnent presque toujours, est située au delà du cercle polaire du nord. Elle ne possède que deux saisons, un *hiver* extrêmement rigoureux et un *été* dont les chaleurs causées par la longue durée des jours égalent quelquefois celles de l'été des zones tempérées.

La *zone glaciale* du sud est située au delà du cercle polaire antarctique. Cette zone ne compte, comme la précédente, que deux saisons ; mais elles se succèdent dans un ordre inverse.

La température d'un lieu étant d'autant plus grande qu'il reçoit plus verticalement les rayons du soleil, on comprend pourquoi la zone torride, exposée aux rayons directs, est la plus chaude, et pourquoi les zones glaciales, sur lesquelles ces rayons tombent d'une manière oblique, sont les plus froides. Toutefois, les grandes masses d'eau et la hauteur du sol peuvent changer ces conditions de température.

Les productions animales et végétales des différentes zones présentent des variations considérables. Dans les pays chauds, on remarque une végétation plus riche que partout ailleurs : les plantes sont plus vigoureuses, les fleurs plus brillantes et les fruits plus savoureux. D'un autre côté, les animaux y sont, pour la plupart, aussi féroces qu'ils sont grands et forts.

§ II. *Définitions des principaux termes employés en géographie.*

La surface du globe se partage en TERRES et en EAUX. L'ensemble des grandes masses d'eau qui la couvrent est appelée la *Mer*.

CONTINENT. — On donne le nom de *continent* à chacune des deux plus vastes étendues de terre que l'on puisse parcourir sans traverser la mer. Les deux continents sont : l'*Ancien-Continent* et le *Nouveau-Continent*; ils sont encore respectivement désignés par les noms d'*Ancien-Monde* et de *Nouveau-Monde*.

Contrée. — On appelle *contrée* une certaine étendue de pays soumise au même *gouvernement*, et dont les habitants parlent ordinairement la même langue.

Un gouvernement est une *monarchie*, quand l'autorité suprême est entre les mains d'un seul chef, *empereur* ou *roi*. La contrée prend alors le nom d'*empire* ou de *royaume*.

Le gouvernement est une *république*, lorsque la puissance est confiée à plusieurs chefs en même temps ; le pays lui-même prend aussi le nom de *république*.

Lorsque plusieurs Etats sont réunis pour leur sûreté commune, on les appelle *Etats unis* ou *Etats confédérés*, et leur réunion prend le nom de *confédération*.

Ile. — Une *île* est une étendue de terre entourée d'eau de tous côtés.

Archipel. — On nomme *archipel* ou *groupe d'îles* la réunion de plusieurs îles.

PRESQU'ÎLE. — Une *presqu'île* est une portion de terre presque entourée d'eau de tous côtés.

ISTHME. — On appelle *isthme* la langue de terre par laquelle une presqu'île se rattache à un continent.

CAP. — On appelle *cap* ou *promontoire,* une pointe de terre qui s'avance dans la mer.

MONTAGNE. — Une *montagne* est une grande masse de terre s'élevant au-dessus de la surface du globe. Lorsqu'un grand nombre de montagnes sont placées les unes à la suite des autres, leur ensemble prend le nom de *chaîne de montagnes.*

La plus haute montagne du globe est le *Tcha-moulari,* en Asie, qui a 7,821 mètres au-dessus du niveau de la mer.

VOLCAN. — Un *volcan* est une montagne qui vomit de temps en temps, par une ouverture nommée *cratère*, des colonnes de fumée ou des torrents de matières fondues appelées *laves*.

OcÉAN. — On appelle *Océan* ou *Mer* la masse d'eau salée qui couvre la plus grande partie du globe terrestre. Certaines portions de l'Océan prennent aussi le nom de *mers*.

La surface totale du globe est de 510,510,000 kilomètres carrés environ ; celle des terres, de 129,450,000 kilom. carr. ; et celle des mers, de 381,000,000 kilom. carr. Par conséquent la surface totale de la mer a près de trois fois plus d'étendue que celle des terres.

Le fond de la mer présente des inégalités de terrain aussi grandes et aussi nombreuses que la surface des continents. A côté de bas-fonds qui se trouvent pour ainsi dire à fleur d'eau, on remarque des profondeurs ou abîmes considérables. On a constaté récemment que la sonde descend jusqu'à 14,000 mètres en certains points de l'Océan Atlantique.

GOLFE. — On donne le nom de *golfe* ou

de *baie* a une portion de mer qui s'avance dans les terres.

Les espèces de golfes qui sont creusés par la main des hommes pour recevoir et abriter les vaisseaux, s'appellent *Ports* ou *Hâvres*.

DÉTROIT. — Un *détroit*, qu'on appelle aussi *pas* et *phare*, est une portion de mer resserrée entre deux terres. C'est par les détroits que l'on peut passer d'une mer ou d'une portion de mer dans une autre.

LAC. — On nomme *lac* une étendue d'eau ordinairement douce qui se trouve renfermée dans les terres.

RUISSEAU. RIVIÈRE. FLEUVE. — Un *ruisseau* est un cours d'eau peu profond, peu large et de médiocre étendue;

Un *fleuve*, au contraire, est un cours d'eau considérable qui se jette toujours dans la mer;

Une *rivière* est un cours d'eau ordinairement moins volumineux qu'un fleuve, et qui verse ses eaux dans un fleuve ou dans un autre cours d'eau.

La *source* d'un cours d'eau quelconque est l'endroit d'où il sort de terre ; son *lit* est le sillon dans lequel ses eaux coulent.

Les ruisseaux et les rivières qui se jettent dans un fleuve se nomment les *affluents* de ce fleuve ; le point de jonction se nomme *confluent*.

On appelle *embouchure* et quelquefois *bouches* d'un fleuve, l'endroit où il se jette dans la mer.

Les rives d'un cours d'eau prennent le nom de *rive droite* et de *rive gauche*.

Pour les distinguer, on suppose que l'on est placé sur un pont au-dessus du cours d'eau et que l'on a la face tournée du côté où les eaux se dirigent ; dans cette position, le bord que l'on a à sa droite est la *rive droite*, et celui que l'on a à sa gauche est la *rive gauche*.

§ III. *Grandes divisions du Globe.*

DIVISIONS DE LA TERRE. — La Terre comprend cinq grandes divisions que l'on appelle les *Cinq parties du monde.* Ce sont : l'EUROPE, l'ASIE, l'AFRIQUE, l'AMÉRIQUE et l'OCÉANIE.

L'Europe, l'Asie et l'Afrique, forment l'Ancien-Monde.

L'Amérique forme le Nouveau-Monde.

L'Océanie forme le *Monde–Maritime* aussi appelé *Continent-Austral.*

DIVISIONS DE L'OCÉAN. — On divise l'Océan en cinq parties, savoir :

1° L'*Océan Atlantique,* à l'O. de l'Ancien-Continent et à l'E. du Nouveau ;

2° Le *Grand-Océan,* à l'E. de l'Ancien-Continent et de l'Océanie, et à l'O. de l'Amérique ;

3° L'*Océan-Indien,* à l'E. de l'Afrique, au Sud de l'Asie et à l'O. de l'Océanie ;

4° L'*Océan Glacial arctique*, au delà du cercle polaire du Nord ;

5° L'*Océan Glacial antarctique*, au delà du cercle polaire du Sud.

CHAPITRE II.

EUROPE.

SECTION PREMIÈRE.

NOTIONS GÉNÉRALES.

SITUATION. — BORNES. — L'Europe est placée au N.-O. de l'Ancien-Continent; ses bornes sont :

Au N., l'Océan Glacial arctique;

A l'E., les monts Ourals et le fleuve Oural;

Au S.-E., le mont Caucase, la mer Noire, la mer d'Azov, la mer de Marmara et l'Archipel;

Au S., la Méditerranée;

A l'O., l'Océan Atlantique.

DIVISIONS. — L'Europe se divise en 16 contrées, dont *quatre* au Nord, *sept* au milieu et *cinq* au sud.

Les 4 au Nord sont : les Îles-Britanniques, le Danemark, la Suède et la Russie.

Les 7 au milieu sont : la France, la Belgique, la Hollande, la Suisse, l'Allemagne, l'Autriche et la Prusse.

Les 5 au S. sont : le Portugal, l'Espagne, l'Italie, comprenant plusieurs États, la Grèce et la Turquie.

APERÇU GÉNÉRAL.

Population. — Superficie. — L'Europe est la plus petite des Cinq parties du monde ; mais elle est la plus importante par sa civilisation, et la plus peuplée, eu égard à son étendue. Sa superficie est de 10 millions de kilomètres carrés et sa population, de 268,000,000 d'habitants.

Climats. — Sous le rapport de la température, l'Europe peut être partagée en trois régions dans le sens de sa latitude, savoir :

1° Une *au sud*, comprenant le Portugal, l'Espagne, le midi de la France, l'Italie, la Grèce, la Turquie et le sud de la Russie ;

2° Une *au nord*, comprenant la portion la plus septentrionale de la Grande-Bretagne, la Suède, la Norvége et le nord de la Russie ;

3° Une *au milieu*, formée des contrées ou des portions de contrées comprises entre les deux premières régions.

La *région du sud* jouit d'une température généralement assez élevée et compte trois saisons : un *printemps* agréable, un *été* long et chaud et un *hiver* court et peu rigoureux.

Dans la *région du milieu*, les froids sont plus sensibles et les chaleurs moins intenses. Il y existe quatre saisons qui se partagent à peu près également l'année : le *printemps*, l'*été*, l'*automne* et l'*hiver*.

La *région du nord* ne présente que deux saisons. Un *hiver* long et rigoureux y est suivi d'un *été* court et chaud.

L'atmosphère est généralement salubre en Europe.

PRODUCTIONS NATURELLES.

MINÉRAUX. — L'Europe possède des mines abondantes et nombreuses d'où l'on retire les minéraux les plus utiles à l'agriculture et à l'industrie manufacturière.

On exploite du *fer*, du *cuivre* et du *zinc* dans presque toutes les contrées; du *plomb* dans toutes les provinces de l'Ouest; du *mercure* en Espagne et en Autriche, et de l'*étain* en Angleterre. L'Autriche et surtout la Russie comptent aussi des mines d'*or* et d'*argent* assez importantes, et fournissent quelques *pierres précieuses*. Les monts Ourals et le Caucase renferment en outre du *platine* et des *diamants*.

D'un autre côté le *soufre* est exploité dans le midi de l'Italie et de l'Espagne ; le *sel gemme* dans presque tous les pays, et la *houille* ou *charbon de terre* en Autriche, en Prusse, en France, en Belgique et particulièrement en Angleterre.

VÉGÉTAUX ET ANIMAUX. — L'Europe est la moins fertile des cinq parties du monde ; mais en revanche elle est la mieux cultivée et la plus embellie par les travaux des hommes.

La région du nord est la plus pauvre. L'*orge* et l'*avoine* sont les seules céréales que l'on puisse y cultiver. Des *chênes*, des *hêtres* et des *frênes* assez chétifs, des *bouleaux blancs* plus vigoureux et des *sapins* magnifiques sont les seuls arbres qui peuplent les forêts de la Suède et de la Norvége.

On pêche sur les côtes le *hareng*, la *morue*, des *phoques* et quelques *baleines*. Le *renne*, animal domestique qui tient lieu de bête de somme et de bétail, l'*ours blanc*, plusieurs *animaux à fourrure* et l'*eider*, canard maritime qui fournit le duvet appelé édredon, habitent ces froides contrées.

Dans le centre de l'Europe, on cultive en grand toutes les espèces de *céréales*, ainsi que le *lin*, le *chanvre,* les *plantes oléagineuses,* la *pomme de terre,* le *houblon,* la *vigne,* le *tabac,* etc. Le *menu gibier,* le *chevreuil,* le *cerf,* le *sanglier* et le *chamois* peuplent de riches forêts dont le *chêne,* le *hêtre,* le *charme* et le *sapin* forment les essences dominantes.

La région du midi produit en abondance des *oliviers,* des *citroniers,* des *figuiers,* des *orangers,* des *mûriers* pour la nourriture des vers-à-soie; elle produit aussi le *riz,* le *maïs* et des *vignes* qui donnent d'excellents vins. Parmi les animaux propres à cette région, on doit citer les *buffles* d'Italie et les *moufflons* de Corse.

Les *plantes fourragères,* les *légumes,* les *arbres fruitiers,* la *volaille,* et les *animaux domestiques* les plus utiles sont répandus dans presque toutes les contrées de l'Europe, et le nombre des espèces qu'elle possède déjà tend encore à s'accroître par l'acclimatation d'espèces étrangères.

Les animaux dangereux ont été pour la plupart détruits en Europe; les *loups* seuls sont encore trop nombreux pour la sécurité des troupeaux qui paissent à proximité des grandes forêts de la Russie.

Un commerce actif vient encore ajouter aux productions si riches et si variées de l'agriculture et de l'industrie européennes les productions de tous genres des pays étrangers.

SECTION DEUXIÈME.

GÉOGRAPHIE PHYSIQUE.

MERS. — Les côtes de l'Europe sont baignées par 15 mers, dont *trois grandes,* *onze petites* formées par les trois grandes, et *une autre petite* qui est isolée dans les terres.

Les 3 grandes sont : l'*Océan-Glacial,* au N.; l'*Océan Atlantique,* à l'O. et la *mer Méditerranée,* au S.

Les 12 petites sont :

La mer *Blanche,* formée par l'Océan Glacial ;

La mer *Baltique,* la mer du *Nord* ou d'*Allemagne,* la *Manche* et la mer d'*Ir- lande,* formées par l'Océan Atlantique ;

La mer *Adriatique,* la mer *Ionienne,* l'*Archipel,* la mer de *Marmara,* la mer *Noire* et la mer d'*Azov,* formées par la Méditerranée ;

La mer *Caspienne,* qui n'a aucune com- munication apparente avec les autres mers.

DÉTROITS. — Les 8 principaux détroits de l'Europe sont :

Le *Sund*, entre la Suède et le Danemark ;

Le *Pas-de-Calais*, qui unit la mer du Nord à la Manche ;

Le détroit de *Gibraltar*, qui fait communiquer l'Atlantique à la Méditerranée ;

Le détroit de *Bonifacio*, entre la Corse et la Sardaigne ;

Le *Phare de Messine*, entre la Sicile et l'Italie ;

Le détroit des *Dardanelles*, qui unit l'Archipel à la mer de Marmara ;

Le détroit de *Constantinople*, qui joint la mer de Marmara à la mer Noire ;

Le détroit d'*Iénikalé*, entre la mer Noire et la mer d'Azov.

GOLFES. — Les 6 plus importants sont :

Les golfes de *Bothnie* et de *Finlande*, dans la mer Baltique ;

Le *Zuiderzée*, dans la mer du Nord ;

Le golfe de *Gascogne*, formé par l'Océan Atlantique ;

Les golfes du *Lion* et de *Gênes*, dans la Méditerranée.

ILES. — Les principales sont :
Le *Spitzberg* et la *Nouvelle-Zemble*, dans l'Océan Glacial arctique ;
L'*Islande*, la *Grande-Bretagne* et l'*Irlande*, dans l'Océan Atlantique ;
L'*Archipel danois*, dont l'île la plus importante est *Séeland*, dans la Baltique ;
La *Corse*, la *Sardaigne*, la *Sicile*, l'île de *Malte*, l'île de *Candie* et les *îles Ioniennes*, dans la Méditerranée.

PRESQU'ÎLES. — Les presqu'îles sont :
La *Scandinavie*, comprenant la Suède et la Norvége ;
Le *Jutland*, en Danemark ;
La péninsule *Hispanique*, formée par l'Espagne et le Portugal ;
L'*Italie* ;
La *Morée*, en Grèce ;
La *Crimée*, en Russie.

ISTHMES. — Les deux principaux isthmes

sont l'isthme de *Corinthe*, qui joint la Morée au continent, et l'isthme de *Pérékop*, qui rattache la Crimée à la Russie.

CAPS. — Les principaux caps de l'Europe sont :

Le cap *Nord-Kind*, au N. de la Suède ;

Le cap *Land's-End*, au S.-O. de la Grande-Bretagne ;

Le cap *Finistère*, au N.-O., et le cap *Trafalgar*, au S. de l'Espagne ;

Le cap *Corse*, au N. de l'île de Corse ;

Le cap *Matapan*, au S. de la Morée.

MONTAGNES. — Les neuf principales chaînes de montagnes sont :

Les *Alpes scandinaves*, dans la péninsule Scandinave ;

Les monts *Ourals*, qui séparent de l'Asie le N.-E. de l'Europe ;

Le *Caucase*, entre la mer Noire et la mer Caspienne ;

Les monts *Karpaths*, dans l'empire d'Autriche ;

Les monts *Balkan*, dans la Turquie;

Les *Apennins*, qui traversent l'Italie du N.-O. au S.-E.;

Les *Alpes*, entre la France, l'Allemagne, la Suisse et l'Italie;

Les *Pyrénées*, entre la France et l'Espagne;

Les monts *Ibériques*, en Espagne.

VOLCANS. — Les trois volcans sont :

L'*Hékla*, en Islande; le *Vésuve*, près de Naples, en Italie; l'*Etna*, en Sicile.

LACS. — Les lacs les plus importants sont :

Les lacs *Onéga* et *Ladoga*, qui versent leurs eaux dans le Golfe de Finlande;

Le lac *Mélar*, en Suède;

Le lac *Balaton*, en Autriche;

Les lacs de *Constance*, de *Zurich*, de *Lucerne* et de *Neuchâtel*, qui versent leurs eaux dans le Rhin, et le lac de *Genève*, formé par le Rhône, en Suisse.

FLEUVES. — Voici les 32 fleuves de

l'Europe avec l'indication des mers où ils se jettent :

La *Dwina*, dans la mer Blanche ;

La *Tornéa*, la *Néva*, la *Duna*, le *Niémen*, la *Vistule* et l'*Oder*, dans la mer Baltique ;

L'*Elbe*, le *Véser*, le *Rhin*, la *Meuse*, l'*Escaut* et la *Tamise*, dans la mer du Nord ;

La *Seine*, dans la Manche ; .

La *Loire*, la *Garonne*, l'*Adour*, le *Tage*, la *Guadiana* et le *Guadalquivir*, dans l'Océan Atlantique ;

L'*Ebre*, le *Rhône*, l'*Arno* et le *Tibre*, dans la Méditerranée ;

Le *Pô* et l'*Adige*, dans la mer Adriatique ;

Le *Danube*, le *Dniester* et le *Dniéper*, dans la mer Noire ;

Le *Don*, dans la mer d'Azov ;

Le *Volga* et l'*Oural*, dans la mer Caspienne.

DIVISIONS POLITIQUES.

I. Royaume d'Angleterre ou Iles Britanniques.

(27,000,000 d'habitants).

L'Angleterre a un climat froid et brumeux ; elle possède des mines précieuses ainsi que de vastes et riches pâturages, et nourrit d'excellents chevaux ; mais elle ne récolte point de vin, et ses produits en grains sont souvent insuffisants. En revanche, elle est le grand foyer de l'industrie et du commerce.

Le royaume d'Angleterre se compose de l'Angleterre, de l'Ecosse et de l'Irlande.

Capitale LONDRES, la première ville du monde par sa population ; villes principales : *Birmingham, Bristol, Dublin,* cap. de l'Irlande, *Edimbourg,* cap. de l'Ecosse, *Glascow* et *Manchester.*

II. Royaume de Danemark.

(2,300,000 hab.).

Le climat du Danemark est assez doux, mais humide. Son sol produit des céréales, du chanvre, du lin et des fruits en abondance. Le Danemark élève d'excellents chevaux ; son industrie manufacturière ne fournit guère qu'aux besoins du pays.

Le Danemark n'a constitué un seul royaume que depuis la fin du IXe siècle. Auparavant il renfermait plusieurs petits Etats indépendants.

Cap. COPENHAGUE, excellent port et place forte, dans l'île de Séeland.

III. Royaume de Suède et Norvége.

(4,800,000 hab.).

La Norvége n'est réunie à la Suède que depuis 1814. Avant cette époque, elle faisait partie du Danemark.

La température de la Suède, quoique déjà bien froide, l'est encore moins que celle de la Norvége. La pêche marine, l'exploitation des mines de fer, de cuivre et d'argent, et l'exportation de bois de construction pour les navires, sont les principales ressources de ces contrées.

Cap. Stockolm; v. pr. *Christiania,* ancienne capitale de la Norvége.

IV. Russie (d'Europe).

(60,000,000 d'hab.).

La Russie d'Europe, qui n'est qu'une partie de l'empire russe, est près de 10 fois aussi grande que la France; mais elle est peu peuplée. La Russie n'a commencé à former un État important que sous le règne de Pierre-le-Grand, au commencement du XVIIIe siècle.

Les provinces du midi de la Russie jouissent d'une température douce; mais celles du nord sont soumises à des froids très-rigoureux. Les principaux produits naturels sont les métaux, les céréales, les bois de construction, les fourrures et les bestiaux. L'industrie et le commerce acquièrent, chaque jour, un nouveau développement dans cette vaste contrée.

L'Empereur de Russie prend le nom de *Czar;* il est le chef de la religion de l'État.

Cap. Saint-Pétersbourg; v. pr. *Astrakan, Moscou,* ancienne capitale, *Odessa,*

Riga et *Varsovie*, capitale de l'ancien royaume de Pologne.

V. France.

(36,500,000 hab.).

Cap. PARIS, la seconde ville de l'Europe par sa richesse et sa population; v. pr. *Lyon, Marseille, Bordeaux, Rouen, Nantes, Toulouse, Lille* et *Strasbourg*.

(Voir le chapitre spécial consacré à la description de la France.)

VI. Royaume de Belgique.

(4,200,000 hab.).

La Belgique jouit d'un climat tempéré et possède un sol très-favorable à la culture des céréales, du houblon, du tabac, des plantes textiles et oléagineuses. Ses manufactures de dentelles et d'étoffes de laine sont renommées.

La Belgique ne forme un état indépendant que depuis 1830. Avant cette époque, elle constituait avec la Hollande le royaume des Pays-Bas.

Cap. BRUXELLES; v. pr. *Anvers, Bruges, Gand* et *Liége*.

VII. Royaume de Hollande ou Pays-Bas.

(3,200,000 hab.).

Le climat de la Hollande est humide et peu salubre. Son sol, qui est plus bas que le niveau de la mer, est défendu des inondations par d'immenses digues. La culture du chanvre, du lin, du tabac, des céréales, de la garance et des fleurs, constitue, avec le commerce, les deux principales sources de richesses de ce pays.

La Hollande n'a été érigée en royaume indépendant qu'en 1830, époque où la Belgique fut séparée des Pays-Bas.

Cap. LA HAYE ; v. pr. *Amsterdam, Leyde, Rotterdam* et *Utrecht.*

VIII. Suisse ou Confédération helvétique.

(2,400,000 hab.).

La Suisse est couverte de hautes montagnes et sillonnée de profondes vallées; l'air y est généralement pur, mais les hivers y sont très-rigoureux. Son sol, riche en minéraux, renferme de beaux et gras pâturages où paissent de nombreux troupeaux.

Ses fabriques de soie, de coton et d'horlogerie, sont estimées.

La Suisse est constituée en république depuis 1308 ; elle est composée de 22 cantons confédérés. La *diète,* ou assemblée des députés des cantons, siége tour à tour dans les villes de Berne, de Lucerne et de Zurich.

Villes principales : *Bâle, Berne, Genève, Lucerne* et *Zurich.*

IX. Allemagne ou Confédération Germanique.

(18,000,000 d'hab.).

Dans le nord de l'Allemagne, le climat est humide et froid ; dans le centre et le midi, il est tempéré et généralement favorable à l'agriculture. Cette contrée offre partout un sol très-accidenté, et se fait remarquer par ses richesses minérales et végétales. Son commerce et son industrie ont aussi une grande activité.

Toutes les questions importantes qui concernent la Confédération sont traitées dans des diètes qui se tiennent à *Francfort-sur-le-Mein.* Cette ville pourrait donc être considérée comme la capitale de l'Allemagne.

La Confédération se compose de 32 Etats, dont 4 *royaumes*, 1 *électorat*, 6 *grands-duchés*, 8 *duchés*, 9 *principautés* et 4 *villes libres*.

Les 4 royaumes sont :

1° Le HANOVRE, cap. HANOVRE ; v. pr. *Gœttingue* ;

2° La SAXE, cap. DRESDE ; v. pr. *Leipsig* ;

3° La BAVIÈRE, cap. MUNICH ; v. pr. *Augsbourg* et *Nuremberg* ;

4° Le WURTEMBERG, cap. STUTTGARD ; v. pr. *Ulm*.

Les autres Etats les plus importants sont :

La HESSE ÉLECTORALE, cap. CASSEL ;

Les grands-duchés de MECKLENBOURG-SCHWERIN, de MECKLENBOURG–STRELITZ, d'OLDENBOURG, de SAXE–WEIMAR, de LUXEMBOURG, de HESSE–DARMSTADT, dont les capitales respectives sont : SCHWERIN, STRELITZ, OLDEMBOURG, WEIMAR, LUXEMBOURG, DARMSTADT ; et le grand-duché de Bade, cap. CARLSRUHE.

Les villes libres sont : *Brême, Francfort-sur-le-Mein, Hambourg* et *Lubeck*.

X. Royaume de Prusse.

(16,000,000 d'hab.).

La Prusse est un pays généralement plat ; le climat est humide et la température assez froide. L'industrie manufacturière et le commerce ont acquis là un certain développement. Le sol de la Prusse est fertile, mais il ne produit du vin que sur les bords du Rhin et de la Moselle.

Le royaume de Prusse, comme il est constitué aujourd'hui, ne date que de 1710 ; il se compose de huit provinces.

Cap. BERLIN ; v. pr. *Aix-la-Chapelle, Breslau, Cologne, Dantzig, Magdebourg et Postdam.*

XI. Empire d'Autriche.

(36,500,000 hab.).

L'Autriche est un pays industrieux et riche en grains, en fruits et en vin ; il possède aussi des mines nombreuses de minéraux utiles et de métaux précieux. Son climat est très-variable à cause de l'inégalité de son sol, mais il est généralement sain.

L'Empire d'Autriche est formé de 15 provinces

très-différentes entre elles d'origine, de mœurs et de langage.

Cap. VIENNE ; v. pr. *Bude, Pesth, Prague, Presbourg* et *Trieste.*

XII. Royaume de Portugal.

(3,400,000 hab.).

Le climat du Portugal est chaud et salubre. Son sol est fertile, mais mal cultivé; l'industrie y est également peu développée. Le Portugal élève des chevaux et des mulets estimés, et exporte beaucoup de fruits, tels que des oranges, des citrons, des raisins, etc.

Le Portugal n'a réellement formé un royaume indépendant que vers le commencement du XIIe siècle, époque où il secoua le joug des Arabes; il se compose de six provinces.

Cap. LISBONNE ; v. pr. *Oporto* et *Coïmbre.*

XIII. Royaume d'Espagne.

(14,000,000 d'hab.).

Le sol de l'Espagne est très-montagneux, très-fertile, mais malheureusement fort mal cultivé. Son climat est généralement chaud et sec. L'Espagne possède de nombreuses mines de fer, de plomb, de cobalt et de mercure. Ses fruits, ses vins et ses chevaux sont renommés.

L'Espagne se compose de 14 provinces ou royaumes qui avaient chacun un gouvernement particulier.

Cap. MADRID; v. pr. *Barcelonne, Cadix, Gibraltar, Grenade, Malaga, Saragosse, Séville* et *Valence.*

XIV. Italie.

(24,000,000 d'hab.).

Le pays connu sous le nom d'Italie n'est pas un État particulier; il est au contraire formé de plusieurs États tout à fait indépendants les uns des autres.

Le climat général de l'Italie est chaud et salubre. Cette partie de l'Europe est la plus remarquable par la pureté de son ciel, la beauté de ses sites et la grandeur et le nombre de ses monuments historiques. Son sol est fertile, mais l'agriculture est négligée et l'industrie manufacturière peu active. Les arts seuls y sont en honneur.

Les principaux États de l'Italie sont :

1° Le royaume de Sardaigne, qui comprend le Piémont, cap. Turin; v. pr. *Alexandrie*; la Savoie, cap. Chambéry; l'État de Gênes, cap. Gênes; le Comté de Nice, cap. Nice, et l'île de Sardaigne, cap. Cagliari;

2° Le royaume Lombard-Vénitien, qui appartient à l'Autriche, cap. Milan; v. pr. *Mantoue, Padoue, Pavie, Venise* et *Vérone*;

3° Le grand-duché de Toscane, cap. Florence; v. pr. *Livourne* et *Pise*;

4° Les États de l'Église, cap. Rome, siége du gouvernement pontifical; v. pr. *Ancône, Bologne* et *Ferrare*;

5° Le royaume des Deux-Siciles, qui comprend le royaume de Naples, cap. Naples, et l'île de Sicile, cap. Palerme;

6° Le duché de Modène, cap. Modène;

7° Le duché de Parme, cap. Parme; v. pr. *Plaisance*.

XV. Royaume de Grèce.

(1,000,000 d'hab.).

La Grèce, si célèbre dans l'antiquité, n'a conservé que le souvenir de son ancienne splendeur ; les arts y sont abandonnés, l'industrie y est peu active et l'agriculture très-négligée, malgré la fertilité du sol. Ce pays est très-accidenté et jouit d'un beau ciel et d'un climat tempéré et sain.

La Grèce n'a été érigée en royaume qu'en 1832. Elle a été longtemps sous la domination des Turcs.

Cap. ATHÈNES ; v. pr. *Napoli de Romanie.* ancienne capitale, et *Napoli de Malvoisie.*

XVI. Turquie (d'Europe).

(15,000,000 d'hab.).

La Turquie possède un sol tellement fertile que malgré le peu de soins qu'on apporte à le cultiver, il produit encore des récoltes abondantes. L'industrie y est peu en honneur et le commerce manque d'activité. Le climat de la Turquie est doux, surtout dans la partie méridionale.

Cette contrée n'est qu'une partie de l'*Empire*

Ottoman, dont le reste est situé en Asie. L'établissement de l'empire turc en Europe date de 1453.

L'Empereur de Turquie, aussi appelé *Sultan* ou *Grand-Seigneur*, est le chef de la religion de l'Etat.

Cap. CONSTANTINOPLE; v. pr. *Andrinople, Gallipoli, Salonique* et *Sophia.*

Trois provinces importantes, connues sous le nom de *Provinces-Danubiennes*, sont dépendantes de l'Empire Ottoman, quoique chacune d'elles ait un gouvernement particulier, ce sont :

La VALACHIE, cap. BOUKHAREST; la MOLDAVIE, cap. JASSY ; et la SERVIE, cap. SEMENDRIA; v. pr. *Belgrade.*

CHAPITRE III.

ASIE.

APERÇU GÉNÉRAL.

SITUATION ET SUPERFICIE. — L'Asie, qui occupe le Nord-Est de l'Ancien-Continent, est la plus vaste des cinq parties du monde; elle offre une superficie de 42 millions de kilomètres carrés.

POPULATION. — On compte en Asie 500 millions d'habitants, dont un grand nombre vit encore dans un état de demi-barbarie; la plupart des autres sont efféminés par les plaisirs et l'oisiveté.

L'Asie fut le berceau du genre humain et le siége de la plus ancienne civilisation. C'est là aussi que l'Écriture Sainte place le Paradis terrestre, et le théâtre où s'accomplirent les miracles de la révélation divine.

CLIMATS. — Touchant par sa partie septentrionale aux régions glacées du Nord, et par ses contrées méridionales aux tropiques, l'Asie possède tous les climats et présente la variété de productions que l'on remarque dans les différentes zones.

L'atmosphère de l'Asie est loin d'être partout salubre, aussi certaines contrées sont-elles souvent décimées par les maladies épidémiques.

PRODUCTIONS NATURELLES.

MINÉRAUX. — Les minéraux utiles : le *sel*, la *houille*, le *fer*, le *cuivre*, le *plomb*, l'*étain* et le *mercure*, ainsi que les métaux précieux : l'*argent*, le *platine* et l'*or* se rencontrent dans presque toutes les parties de l'Asie. La Sibérie et les Indes sont particulièrement riches en *diamants* et en *pierres précieuses*.

VÉGÉTAUX ET ANIMAUX. — Sous le rapport de la production végétale et de la production animale, l'Asie peut se diviser en trois régions, savoir :

1° RÉGION SEPTENTRIONALE. — Les *mousses*, les *lichens*, les *pins*, les *bouleaux*, les *ormes*, les *peupliers*, les *chênes*, l'*orge* et le *milet*, sont à peu près les seuls végétaux qui croissent en Sibérie. Les principaux animaux qu'on y rencontre sont les *phoques*, les *rennes*, les *élans*, les *ours blancs* et les animaux à fourrures, tels que les *martres*, les *hermines*, les *écureuils petits-gris* et plusieurs variétés de *renards ;*

2° Région centrale. — Dans cette région, la végétation est plus riche et plus variée que dans la précédente, et les espèces animales y sont bien plus nombreuses;

3° Région méridionale. — Cette portion de l'Asie est sans contredit l'une des plus fertiles du globe en végétaux. On y rencontre le *cotonnier*, le *riz*, la *canne à sucre*, le *poivrier*, le *cannellier*, le *camphrier*, le *bambou*, le *thé*, les *arbres à cire*, à *vernis* et à *gomme*, le *sandal*, la *vigne*, le fameux *cèdre* du mont Liban, en Syrie, etc., etc.

Les espèces animales ne sont ni moins nombreuses, ni moins remarquables que les espèces végétales. On peut citer les *moutons* et les *chèvres* du Thibet, le *chameau*, le *dromadaire*, le *buffle*, le *tapir*, le *rhinocéros*, l'*éléphant*, le *léopard*, le *tigre*, le *lion*, le *crocodile*, la *tortue*, le *ver-à-soie* et une multitude d'*oiseaux* au plumage riche et varié.

INDUSTRIE ET COMMERCE.

L'industrie et le commerce de l'Asie doivent leur développement et leur activité aux nations européennes. Quant aux arts, ils paraissent avoir bien déchu de leur ancienne splendeur. La *porcelaine*, les *tapis*, les *châles*, les *fourrures*, les *toiles peintes*, l'encre dite de la Chine, les *étoffes de soie* et *de coton*, les *parfums*, sont les principaux produits qui nous viennent de l'Asie.

DIVISIONS DE L'ASIE.

Les *onze* principales contrées de l'Asie sont :

Une au Nord :

     La SIBÉRIE, cap. TOBOLSK;

Quatre au Milieu :

     Le TURKESTAN ou TARTARIE INDÉPEN-DANTE, v. pr. *Boukhara, Khiva, Samarkand;*

     La TURQUIE D'ASIE (1), v. pr. *Alep, Bagdad, Damas, Jérusalem, Smyrne;*

---

(1) C'est dans cette contrée que se trouvaient les royaumes d'Arménie, de Mésopotamie, de Syrie, de Babylone, de Judée, etc., dont l'histoire occupe tant de place dans les pages des livres saints.

L'Empire Chinois, cap. Pékin ; v. pr.
Nankin, Canton ;
L'Empire du Japon, cap. Yédo ; v. pr.
Miaco ;

Six au Sud :
L'Arabie, v. pr. La Mecque, Médine,
Moka ;
La Perse, cap. Téhéran ;
L'Afghanistan ou Royaume de Ca-
boul, cap. Caboul ;
Le Bélouchistan, cap. Kélat ;
L'Hindoustan, cap. Calcuta ; v. pr.
Bénarès, Bombay, Delhi, Chan-
dernagor, Pondichéry.
L'Indo–Chine, comprenant l'Empire
des Birmans et les royaumes d'A-
nam, de Siam, etc., v. pr. Ava,
Hué, Siam, Malacca

CHAPITRE IV.

AFRIQUE.

APERÇU GÉNÉRAL.

Situation et superficie. — L'Afrique comprend l'immense presqu'île située au Sud de l'Europe et tenant à l'Asie par l'isthme de Suez (1). Sa superficie, qui est d'envion 29 millions de kil. carrés, égale par conséquent près de trois fois celle de l'Europe.

Population. — L'Afrique est peu peuplée comparativement à son étendue ; elle ne compte guère que 60 millions d'habitants.

Climats. — L'Afrique étant comprise entre les tropiques, a un ciel presque toujours sans nuage et un soleil d'une ardeur extrême. On n'y distingue

---

(1) Cet isthme va être traversé par un canal destiné à relier la Méditerranée à l'Océan indien.

que deux saisons, celle de la sécheresse et celle
des pluies périodiques.

Les chaleurs brûlantes qui règnent dans cette
partie du monde sont les principales causes de l'insalubrité que l'on remarque dans plusieurs de ses
contrées.

PRODUCTIONS NATURELLES.

Les côtes de l'Afrique sont généralement fertiles; mais l'intérieur des terres ne renferme que
des déserts sablonneux et arides au milieu desquels
on ne rencontre que de rares *oasis*, espaces étroits
où la terre offre un peu d'eau, de verdure et d'om-
brage. Souvent des montagnes de sable, soulevées
et transportées par les vents, engloutissent les ca-
ravanes de marchands et les voyageurs qui traversent ces stériles contrées.

Minéraux. — Les richesses minérales de l'A-
frique ne sont pas encore bien connues; cependant
on y récolte de l'*or en poudre*, et l'on y exploite des
mines assez riches de *fer*, de *cuivre*, de *plomb* et
d'*argent*.

Végétaux et Animaux. — Le règne végétal
fournit les *palmiers*, les *orangers*, les *oliviers*, les
grenadiers, les *figuiers*, les *indigotiers*, les *co-*

tonniers, les *bananiers*, les *cocotiers*, le *caféyer*, la *canne à sucre*, le *thé*, des *bois de teinture* et d'*ébénisterie*, etc.

Parmi la multitude d'animaux sauvages qui peuplent les déserts africains, on remarque l'*éléphant*, le *rhinocéros*, l'*hippopotame*, le *zèbre*, la *girafe*, l'*antilope*, la *gazelle*, le *lion*, le *tigre*, le *léopard*, la *hyène*, le *crocodile*, l'*autruche*, plusieurs espèces de *serpents* et de *singes*, etc. Parmi les animaux domestiques, on doit citer le *chameau*, le *dromadaire*, le *cheval* et l'*âne*.

INDUSTRIE ET COMMERCE.

Les habitants de l'Afrique étant pour la plupart grossiers et barbares, on conçoit que le commerce et l'industrie ne soient florissants que sur les côtes qui sont visitées par les étrangers, et dans les parties septentrionales, qui touchent aux pays civilisés.

DIVISIONS DE L'AFRIQUE.

On compte 22 contrées principales en Afrique, savoir :

Six au Nord :

L'Egypte, cap. Le Caire, v. pr. *Alexandrie, Damiette, Suez;*

La Régence de Tripoli, cap. Tripoli ;
La Régence de Tunis, cap. Tunis ;
L'Algérie, cap. Alger ; v. pr. *Bône,
  Bougie, Constantine, Oran* et *Phi-*
  lippeville ;
L'Empire du Maroc, cap. Maroc ;
Le Sahara ou Grand-Désert, peuplé
  de quelques tribus errantes, v. pr.
  Agably et *Aghadès.*

Sept au Milieu :
  La Sénégambie, v. pr. *Saint-Louis* ;
  La Guinée Septentrionale, v. pr.
    Coumassi ;
  La Nigritie ou Soudan, v. pr. *Tom-*
    bouctou ;
  La Nubie, v. pr. *Dongolah* et *Sen-*
    naar ;
  L'Abyssinie, v. pr. *Gondar* ;
  L'Adel et l'Ajan.

Neuf au Sud :
  La Guinée Méridionale, v. pr. *San-*
    Salvador ;

La Hottentotie ;

La Colonie du Cap, cap. le Cap ;

La Cafrerie ;

Le Monomotapa, v. pr. *Zimbaoé;*

Le Mozambique, cap. Mozambique ;

Le Zanguebar, v. pr. *Mélinde;*

La contrée encore inconnue, située au Sud de la Nigritie ;

L'Ile de Madagascar, au S.-E. de l'Afrique.

CHAPITRE V.

AMÉRIQUE.

APERÇU GÉNÉRAL.

Situation et superficie. — L'Amérique forme une île de 38 millions de kilomètres carrés, composée de deux espèces de presqu'îles réunies par une langue de terre connue sous le nom d'*isthme de Panama*. La portion supérieure se nomme *Amérique septentrionale*, et la partie inférieure, *Amérique méridionale*.

L'Amérique a été découverte en 1492 par le Génois Christophe Colomb.

Population. — La population de l'Amérique est d'environ 50 millions d'habitants, dont le plus grand nombre est d'origine européenne. Les indigènes, connus sous le nom d'*Indiens,* ont été décimés par les guerres intestines ou par la tyrannie et les persécutions de leurs vainqueurs. Quelques rares tribus ont accepté les bienfaits de la civilisation, d'autres, au contraire, se sont retirées dans les forêts et les contrées désertes, où elles vivent pauvres et nomades.

CLIMATS. — L'Amérique s'étendant d'un pôle à l'autre, présente naturellement tous les climats propres à chaque espèce de zones : un froid intense règne pendant la plus grande partie de l'année dans les régions extrêmes de ce continent, tandis que les contrées du centre jouissent d'un climat chaud et humide.

L'air est peu salubre dans certaines portions de l'Amérique; c'est ce qui explique l'existence des nombreuses fièvres malignes qui désolent ces contrées.

PRODUCTIONS NATURELLES.

MINÉRAUX. — Le Nouveau-Monde est le plus riche en minéraux. La *houille* et les *métaux utiles* se trouvent dans les deux Amériques; l'*argent*, l'*or*, le *platine*, les *pierres précieuses* et les *diamants* se rencontrent particulièrement dans le Mexique, la Colombie, le Brésil, le Pérou, etc.

VÉGÉTAUX ET ANIMAUX. — En raison de l'extrême fertilité de son sol, l'Amérique ne le cède en rien à l'Ancien-Continent pour le nombre et la variété de ses végétaux et de ses animaux. Les *bois de teinture*, de *Brésil* et de *Campèche*; l'*acajou*, l'*ébène*, le *palissandre*, le *bois de fer* se rencontrent dans ses immenses forêts ; des plantations de *tabac*, de *coton*, de *café*, de *thé*, de *canne à sucre*, de *cacao* et d'*indigo* couvrent ses vastes plaines, où l'on récolte encore la *vanille*, le *quinquina*, le *jalap*, le *caoutchouc*, etc., etc.

Parmi les animaux qui peuplent les lacs, les forêts et les *savanes* américaines, on peut citer le *castor*, l'*ours*, le *loup*, la *martre*, le *sarigue*, le *lama*, la *vigogne*, le *bison*, le *tigre*, le *lion* et le *cheval sauvage*. On y rencontre aussi le *serpent boa*, le *serpent à sonnettes*, des *tortues*, des *alligators*, plusieurs espèces de *singes* et des *oiseaux* de toutes sortes.

La *pomme de terre*, le *maïs* et les *dindons* sont originaires d'Amérique.

INDUSTRIE ET COMMERCE.

Le commerce et l'industrie sont très-florissants dans presque toutes les contrées de l'Amérique, et les arts sont en progrès dans tous les centres populeux.

DIVISION DE L'AMÉRIQUE.

L'Amérique est divisée en 16 contrées principales, dont *six* dans l'Amérique septentrionale et *dix* dans l'Amérique méridionale.

Les *six* premières sont :

L'AMÉRIQUE RUSSE, v. pr. la *Nouvelle-Arkhangel ;*

Le GROËNLAND ;

La NOUVELLE-BRETAGNE, v. pr. *Québec* et *Montréal ;*

Les ÉTATS-UNIS, cap. WASHINGTON, v. pr. *Baltimore, Boston,* la *Nouvelle-Orléans, New-York, Philadelphie ;*

Le MEXIQUE, cap. MEXICO, v. pr. *Vera-Cruz ;*

L'AMÉRIQUE CENTRALE, formée de cinq républiques distinctes, v. pr. *Guatemala, San-Salvador.*

Les *dix* contrées de l'Amérique méridionale sont :

La COLOMBIE, v. pr. *Santa-Fé-de-Bogota, Caracas* et *Quito ;*

Les GUYANES, v. pr. *Cayenne, Paramaribo ;*

Le Brésil, cap. Rio-de-Janeiro;

Le Pérou, cap. Lima;

Le Haut-Pérou ou Bolivie, cap. Chuquisaca ou La Plata;

Le Paragay, cap. l'Assomption;

L'Uragay, cap. Montévidéo;

La Plata ou République argentine, cap. Buénos-Ayres;

Le Chili, cap. Santiago;

La Patagonie, qui est peu connue et peu habitée.

CHAPITRE VI.

OCÉANIE.

APERÇU GÉNÉRAL.

SITUATION ET SUPERFICIE. — L'Océanie est située dans le grand Océan, au S.-E. de l'Asie et à l'O. de l'Amérique. Elle se compose de l'Australie, qu'on appelle aussi Continent austral, et d'une multitude d'îles plus ou moins grandes qui ont été découvertes à différentes époques. Sa superficie, eu égard aux terres seulement, est évaluée à 11 millions de kilom. carrés.

C'est dans un point de la mer, au S.-E. de la Nouvelle-Zélande que se trouvent les *Antipodes* de Paris, c'est-à-dire, le point de la terre diamétralement opposé à cette ville.

POPULATION. — La population de l'Océanie est d'environ 22 millions d'habitants. La civilisation est assez avancée dans quelques îles, notamment dans celles qui renferment depuis longtemps des colonies européennes ; dans d'autres, au contraire, on remarque des instincts grossiers, des mœurs stupides et féroces : quelques peuplades sont même encore *anthropophages*.

CLIMATS. — Le climat de l'Océanie varie considérablement avec la latitude : sec et brûlant dans les parties septentrionales, il est plus tempéré dans les régions du centre, et présente, dans les zones méridionales, les quatre saisons, mais dans un ordre inverse aux nôtres.

L'insalubrité de l'atmosphère est un sérieux obstacle à la prompte colonisation de plusieurs îles de l'Océanie.

PRODUCTIONS NATURELLES.

MINÉRAUX. — On extrait sur plusieurs points du Monde-Maritime du *fer*, du *cuivre*, de l'*argent*, de l'*or* et des *pierres précieuses;* mais on est loin encore de connaître toutes ses richesses minérales.

VÉGÉTAUX ET ANIMAUX. — En raison de la prodigieuse fertilité de son sol, l'Océanie offre une végétation aussi riche que variée. Parmi les plantes les plus précieuses, on doit citer le *tabac*, le *maïs*, le *riz*, la *canne à sucre*, le *benjoin*, le *camphre*, le *caféyer*, le *cannellier*, le *giroflier*, le *poivrier*, le *cotonnier*, le *bananier*, le *palmier*, etc.

Parmi les animaux propres à cette partie du monde, on remarque le *Kangourou*, le *phalanger*, l'*ornythorinque*, l'*orang-outan* et plusieurs espèces de *tortues* et de *serpents*. Ses mers sont peuplées de *zoophites* et de *coquillages* remarquables, et ses forêts comptent un nombre infini de ces magnifiques oiseaux connus sous le nom d'*oiseaux de paradis*.

INDUSTRIE ET COMMERCE.

Des deux principales races d'indigènes océaniens, les Malais et les Nègres, la première seule avait formé des états civilisés. Cependant le commerce et l'industrie n'ont réellement acquis un sérieux développement dans ces contrées que depuis l'arrivée des Européens. Les nombreux *comptoirs* qu'ils y ont établis donnent la plus grande activité aux relations commerciales.

DIVISION DE L'OCÉANIE.

On peut diviser l'Océanie en *quatre* grandes parties, savoir :

Au Nord, la MICRONÉSIE (formée d'un grand nombre de petites îles);

A l'Est, la POLYNÉSIE, où l'on remarque

l'île de Taïti, l'Archipel des Marquises et la Nouvelle-Zélande ;

Au Sud, la Mélanésie, qui comprend, avec un grand nombre de groupes d'îles, l'Australie ou Nouvelle-Hollande, v. pr. *Sydney, Melbourne, Adélaïde;*

A l'Ouest, la Malaisie, où l'on remarque l'île de Java, v. pr. *Batavia,* et l'île de Luçon, cap. Manille.

CHAPITRE VII.

FRANCE.

SECTION PREMIÈRE.

GÉOGRAPHIE POLITIQUE.

SITUATION. — La France, sans y comprendre les îles qui en dépendent, est située dans la partie occidentale de l'Europe, et se trouve à peu près à égale distance de l'équateur et du pôle nord.

BORNES. — La France a pour limites :
1° Au N.-O., la Manche et le Pas-de-Calais ;
2° Au N.-E., la Belgique, le grand duché de Luxembourg, la Prusse rhénane et la Bavière rhénane ;

3° A l'E., le Rhin, le Jura, le Rhône, les Alpes et le Var ;

4° Au S., la Méditerranée et les Pyrénées ;

5° A l'O., l'Océan Atlantique.

ÉTENDUE ET SUPERFICIE. — Les quatre plus grandes dimensions de la France sont : du N. au S., 950 kilomètres ; de l'E. à l'O., 916 kil. ; du N.-O. au S.-E., 1066 kil. ; et du N.-E. au S.-O., 988 kil.

Sa superficie est de 540,085 kilomètres carrés environ.

ANCIENNES DIVISIONS DE LA FRANCE.

La France a été formée par la réunion, à diverses époques, d'un certain nombre de provinces qui étaient gouvernées par des seigneurs particuliers. Avant 1789, elle se composait de 36 provinces comprises sous 32 *gouvernements généraux militaires* et de la Corse, qui n'avait pas le titre de gouvernement. Cette division subsista jusqu'au 15 janvier 1790, époque où l'Assemblée constituante décréta que la France serait partagée en *départements*.

DIVISIONS ACTUELLES.

L'*Administration générale* de la France comprend cinq espèces principales de divisions :

1° Les divisions *administratives* ;

2° Les divisions *militaires* ;

3° Les divisions *judiciaires* ;

4° Les divisions *ecclésiastiques* ;

5° Les divisions *académiques*.

1° DIVISIONS ADMINISTRATIVES.

La France compte 86 départements dont les noms ont été généralement tirés des cours d'eau, des montagnes ou d'autres accidents géographiques qu'on y rencontre. Ces départements sont subdivisés en 363 *arrondissements* ou *sous-préfectures* qui comprennent 2,847 *cantons* et 36,835 *communes*.

L'administration générale d'un département est confiée à un magistrat civil qu'on appelle *Préfet*. Le Préfet est assisté d'un Conseil de préfecture permanent et d'un Conseil général.

L'arrondissement est administré par un magistrat civil nommé *Sous-Préfet*. Près de chaque sous-préfecture est établi un Conseil d'arrondissement.

Le canton est soumis à la juridiction d'un magistrat nommé *Juge de Paix*, mais seulement pour l'administration de la justice dans certaines limites.

La commune est administrée par un magistrat civil appelé *Maire*, qui est secondé par un ou plusieurs adjoints, et assisté par un Conseil municipal.

Le *chef-lieu* d'un département, d'un arrondissement ou d'un canton, est la ville dans laquelle le préfet, le sous-préfet ou le juge de paix a sa résidence.

Les 33 provinces dont se composait la France avant 1789, peuvent être classées de la manière suivante, d'après leur position géographique :

Six au Nord ;   *Six* à l'Ouest ;
Six à l'Est ;   *Huit* au Milieu.
Sept au Sud ;

85 départements ont été formés par ces provinces ; l'État d'Avignon, qui n'a été réuni à la France qu'en 1791, a constitué le 86ᵉ département.

PROVINCES DU NORD.

Les 6 provinces du Nord étaient :

La FLANDRE, cap. *Lille ;*
L'ARTOIS, cap. *Arras ;*
La PICARDIE, cap. *Amiens ;*
La NORMANDIE, cap. *Rouen ;*
L'ILE-DE-FRANCE, cap. *Paris ;*
La CHAMPAGNE, cap. *Troyes.*

Voici, avec leurs chefs-lieux respectifs, les 17 départements formés par les provinces du Nord :

(Quoiqu'imprimés en petit texte, les tableaux des provinces et départements sont destinés à être appris de mémoire par les élèves.) .

PROVINCES.	DÉPARTEMENTS qu'elles forment.	CHEFS-LIEUX de ces départements.
La FLANDRE	du Nord	*Lille.*
L'ARTOIS.	du Pas-de-Calais.	*Arras.*
La PICARDIE	de la Somme. . .	*Amiens.*
La NORMANDIE . . .	de la Seine-Infé- rieure.	*Rouen.*
	de l'Eure.	*Evreux.*
	du Calvados.. . .	*Caen.*
	de la Manche. . .	*Saint-Lô.*
	de l'Orne.	*Alençon.*
L'ILE-DE-FRANCE. .	de la Seine. . . .	*Paris.*
	de Seine-et-Oise.	*Versailles.*
	de Seine-et-Marne	*Melun.*
	de l'Oise.	*Beauvais.*
	de l'Aisne	*Laon.*
La CHAMPAGNE. . .	de l'Aube.	*Troyes.*
	de la Hte-Marne.	*Chaumont.*
	de la Marne . . .	*Châlons.*
	des Ardennes.. .	*Mézières.*

PROVINCES DE L'EST.

Les 6 provinces de l'Est étaient :
La LORRAINE, cap. *Nancy ;*
L'ALSACE, cap. *Strasbourg ;*

La FRANCHE-COMTÉ, cap. *Besançon* ;
La BOURGOGNE, cap. *Dijon* ;
Le LYONNAIS, cap. *Lyon* ;
Le DAUPHINÉ, cap. *Grenoble*.

Les 18 départements qui ont été formés par ces provinces sont :

PROVINCES.	DÉPARTEMENTS qu'elles forment.	CHEFS-LIEUX de ces départements.
La LORRAINE	de la Meurthe . .	*Nancy.*
	de la Moselle. . .	*Metz.*
	de la Meuse . . .	*Bar-le-Duc.*
	des Vosges. . . .	*Epinal.*
L'ALSACE	du Bas-Rhin. . .	*Strasbourg.*
	du Haut-Rhin . .	*Colmar.*
La FRANCHE-COMTÉ.	du Doubs.	*Besançon.*
	de la Hte-Saône. .	*Vesoul.*
	du Jura.	*Lons-le-Saulnier.*
La BOURGOGNE	de la Côte-d'Or .	*Dijon.*
	de l'YONNE. . . .	*Auxerre.*
	de Saône-et-Loire	*Mâcon.*
	de l'Ain.	*Bourg.*
Le LYONNAIS	du Rhône.	*Lyon.*
	de la Loire. . . .	*Saint-Etienne.*
Le DAUPHINÉ	de l'Isère.	*Grenoble.*
	de la Drôme. . .	*Valence.*
	des Hautes-Alpes.	*Gap.*

PROVINCES DU SUD.

Les 7 provinces du Sud étaient :
La Provence, cap. *Aix ;*
Le Languedoc, cap. *Toulouse ;*
Le Roussillon, cap. *Perpignan ;*
Le Comté de Foix, cap. *Foix ;*
Le Béarn, cap. *Pau ;*
La Guyenne et la Gascogne, cap.
Bordeaux.
L'Ile de Corse, cap. *Bastia.*

Les 24 départements qui ont été formés
par les provinces du Sud sont :

PROVINCES.	DÉPARTEMENTS qu'elles forment.	CHEFS-LIEUX de ces départements.
La Provence. . . .	des Bouches-du-Rhône.	*Marseille.*
	des Basses-Alpes.	*Digne.*
	du Var.	*Draguignan.*
Le Languedoc. . .	de la Hte-Garonne	*Toulouse.*
	du Tarn	*Albi.*
	de l'Aude.	*Carcassonne.*
	de l'Hérault . . .	*Montpellier.*
	du Gard	*Nîmes.*
	de la Lozère. . .	*Mende.*
	de la Hte-Loire .	*Le Puy.*
	de l'Ardèche. . .	*Privas.*

Le Roussillon. . .	des Pyrénées-Orientales. . .	*Perpignan.*
Le Comté de Foix.	de l'Ariège. . . .	*Foix.*
Le Béarn.	des Basses-Pyrénées.	*Pau.*
La Guyenne et la Gascogne	de la Gironde . .	*Bordeaux.*
	de la Dordogne .	*Périgueux.*
	de Lot-et-Garonne	*Agen.*
	du Lot	*Cahors.*
	de l'Aveyron. . .	*Rodez.*
	des Landes. . . .	*Mont-de-Marsan.*
	du Gers	*Auch.*
	de Tarn-et-Garonne	*Montauban.*
	des Hautes-Pyrénées.	*Tarbes.*
La Corse.	de la Corse. . . .	*Ajaccio.*

PROVINCES DE L'OUEST.

Les 6 provinces de l'Ouest étaient :
L'Angoumois, cap. *Angoulême ;*
L'Aunis et la Saintonge, cap. *Saintes ;*
Le Poitou, cap. *Poitiers ;*
L'Anjou, cap. *Angers ;*
La Bretagne, cap. *Rennes ;*
Le Maine, cap. le *Mans.*

Les 13 départements qui ont été formés par ces provinces sont :

PROVINCES.	DÉPARTEMENTS qu'elles forment.	CHEFS-LIEUX de ces départements.
L'Angoumois. . . .	de la Charente. .	*Angoulème.*
L'Aunis et la Sain-tonge.	de la Charente-Inférieure. . .	*La Rochelle.*
Le Poitou.	de la Vienne. . .	*Poitiers.*
	des Deux-Sèvres.	*Niort.*
	de la Vendée. . .	*Napoléon-Vendée.*
L'Anjou	de Maine-et-Loire	*Angers.*
La Bretagne. . . .	d'Ille-et-Vilaine. .	*Rennes.*
	des Côtes-du-Nord.	*Saint-Brieuc.*
	du Finistère . . .	*Quimper.*
	de la Loire-Infé-rieure.	*Nantes.*
	du Morbihan. . .	*Vannes.*
Le Maine.	de la Sarthe. . .	*Le Mans.*
	de la Mayenne. .	*Laval.*

PRÓVINCES DU CENTRE.

Les provinces du centre étaient :

L'Orléanais, cap. *Orléans ;*

La Touraine, cap. *Tours ;*

Le Berri, cap. *Bourges ;*

Le Nivernais, cap. *Nevers ;*

Le Bourbonnais, cap. *Moulins ;*

La Marche, cap. *Guéret ;*

Le Limousin, cap. *Limoges ;*

L'Auvergne, cap. *Clermont-Ferrand.*

Les 13 départements qui ont été formés par les provinces du centre sont :

PROVINCES.	DÉPARTEMENTS qu'elles forment.	CHEFS-LIEUX de ces départements.
L'Orléanais	du Loiret	*Orléans*
	d'Eure-et-Loir	*Chartres.*
	de Loir-et-Cher	*Blois.*
La Touraine	d'Indre-et-Loire	*Tours.*
Le Berri	du Cher	*Bourges.*
	de l'Indre	*Châteauroux.*
Le Nivernais	de la Nièvre	*Nevers.*
Le Bourbonnais	de l'Allier	*Moulins.*
La Marche	de la Creuse	*Guéret.*
Le Limousin	de la Haute-Vienne	*Limoges.*
	de la Corrèze	*Tulle.*
L'Auvergne	du Puy-de-Dôme	*Clermont-Ferrand*
	du Cantal	*Aurillac.*

L'État d'Avignon, qui dépendait des papes, cap. *Avignon*, a formé le département de Vaucluse, chef-lieu *Avignon*.

SOUS-PRÉFECTURES.

Les chefs-lieux des 363 arrondissements ou sous-préfectures, sont indiqués dans le tableau ci-après, à la suite du nom de chaque département, classé dans l'ordre alphabétique.

DÉPARTEMENTS.	SOUS-PRÉFECTURES.
Ain.	*Bourg*, Belley, Gex, Nantua, Trévoux.
Aisne.	*Laon*, Château-Thierry, Saint-Quentin, Soissons, Vervins.
Allier.	*Moulins*, Gannat, La Palisse, Montluçon.
Alpes (Basses-)	*Digne*, Barcelonnette, Castellane, Forcalquier, Sisteron.
Alpes (Hautes-).	*Gap*, Briançon, Embrun.
Ardèche.	*Privas*, L'Argentière, Tournon.
Ardennes	*Mézières*, Rethel, Rocroy, Sedan, Vouziers.
Ariége.	*Foix*, Pamiers, Saint-Girons.
Aube.	*Troyes*, Arcis-sur-Aube, Bar-sur-Aube, Bar-sur-Seine, Nogent-sur-Seine.
Aude.	*Carcassonne*, Castelnaudary, Limoux, Narbonne.
Aveyron.	*Rodez*, Espalion, Milhau, Saint-Affrique, Villefranche.
Bouches-du-Rhône.	*Marseille*, Aix, Arles.
Calvados.	*Caen*, Bayeux, Falaise, Lisieux, Pont-l'Evêque, Vire.
Cantal.	*Aurillac*, Mauriac, Murat, Saint-Flour.
Charente	*Angoulême*, Barbézieux, Cognac, Confolens, Ruffec.
Charente-Inférieure	*La Rochelle*, Jonzac, Marennes, Rochefort, Saintes, Saint-Jean-d'Angély.
Cher.	*Bourges*, Saint-Amand, Sancerre.
Corrèze.	*Tulle*, Brive, Ussel.
Corse	*Ajaccio*, Bastia, Calvi, Corté, Sartène.

DÉPARTEMENTS.	SOUS-PRÉFECTURES.
Côte-d'Or........	*Dijon*, Beaune, Châtillon-sur-Seine, Semur.
Côtes-du-Nord.....	*Saint-Brieuc*, Dinan, Guingamp, Lannion, Loudéac.
Creuse.........	*Guéret*, Aubusson, Bourganeuf, Boussac.
Dordogne.......	*Périgueux*, Bergerac, Nontron, Ribérac, Sarlat.
Doubs.........	*Besançon*, Baume, Montbelliard, Pontarlier.
Drôme.........	*Valence*, Die, Montélimar, Nyons.
Eure..........	*Evreux*, Les Andelys, Bernay, Louviers, Pont-Audemer.
Eure-et-Loir......	*Chartres*, Châteaudun, Dreux, Nogent-le-Rotrou.
Finistère	*Quimper*, Brest, Châteaulin, Morlaix, Quimperlé.
Gard..........	*Nîmes*, Alais, Uzès, le Vigan.
Garonne (Haute-)...	*Toulouse*, Muret, Saint-Gaudens, Villefranche.
Gers..........	*Auch*, Condom, Lectoure, Lombez, Mirande.
Gironde........	*Bordeaux*, Bazas, Blaye, La Réole, Lesparre, Libourne.
Hérault........	*Montpellier*, Béziers, Lodève, Saint-Pons.
Ille-et-Vilaine....	*Rennes*, Fougères, Montfort, Redon, Saint-Malo, Vitré.
Indre.........	*Châteauroux*, Le Blanc, Issoudun, La Châtre.
Indre-et-Loire	*Tours*, Chinon, Loches.
Isère.........	*Grenoble*, La Tour-du-Pin, Saint-Marcellin, Vienne.
Jura..........	*Lons-le-Saulnier*, Dôle, Poligny, Saint-Claude.

DÉPARTEMENTS.	SOUS-PRÉFECTURES.
LANDES	*Mont-de-Marsan*, Dax, Saint-Sever.
LOIR-ET-CHER	*Blois*, Romorantin, Vendôme.
LOIRE	*St-Etienne*, Montbrison, Roanne.
LOIRE (HAUTE-)	*Le Puy*, Brioude, Yssingeaux.
LOIRE-INFÉRIEURE	*Nantes*, Ancenis, Châteaubriand, Paimbœuf, Savenay.
LOIRET	*Orléans*, Gien, Montargis, Pithiviers.
LOT	*Cahors*, Figeac, Gourdon.
LOT-ET-GARONNE	*Agen*, Marmande, Nérac, Villeneuve-d'Agen.
LOZÈRE	*Mende*, Florac, Marvéjols.
MAINE-ET-LOIRE	*Angers*, Beaugé, Beaupréau, Saumur, Segré.
MANCHE	*Saint-Lô*, Avranches, Cherbourg, Coutances, Mortain, Valognes.
MARNE	*Châlons*, Epernay, Reims, Sainte-Menehould, Vitry-le-Français.
MARNE (HAUTE-)	*Chaumont*, Langres, Vassy.
MAYENNE	*Laval*, Château-Gontier, Mayenne.
MEURTHE	*Nancy*, Château-Salins, Lunéville, Sarrebourg, Toul.
MEUSE	*Bar-le-Duc*, Commercy, Montmédy, Verdun.
MORBIHAN	*Vannes*, Lorient, Ploërmel, Napoléonville.
MOSELLE	*Metz*, Briey, Sarreguemines, Thionville.
NIÈVRE	*Nevers*, Château-Chinon, Clamecy, Cosne.
NORD	*Lille*, Avesnes, Cambrai, Douai, Dunkerque, Hazebrouck, Valenciennes.

DÉPARTEMENTS.	SOUS-PRÉFECTURES.
OISE	*Beauvais*, Clermont, Compiègne, Senlis.
ORNE	*Alençon*, Argentan, Domfront, Mortagne.
PAS-DE-CALAIS	*Arras*, Béthune, Boulogne, Montreuil, Saint-Omer, Saint-Pol.
PUY-DE-DÔME	*Clermont-Ferrand*, Ambert, Issoire, Riom, Thiers.
PYRÉNÉES (BASSES-)	*Pau*, Bayonne, Mauléon, Oloron, Orthès.
PYRÉNÉES (HAUTES-)	*Tarbes*, Argelès, Bagnères.
PYRÉNÉES-ORIENTALES	*Perpignan*, Céret, Prades.
RHIN (BAS-)	*Strasbourg*, Saverne, Schlestadt, Wissembourg.
RHIN (HAUT-)	*Colmar*, Belfort, Mulhouse.
RHÔNE	*Lyon*, Villefranche.
SAÔNE (HAUTE-)	*Vesoul*, Gray, Lure.
SAÔNE-ET-LOIRE	*Mâcon*, Autun, Châlons-sur-Saône, Charolles, Louhans.
SARTHE	*Le Mans*, La Flèche, Mamers, Saint-Calais.
SEINE	*Paris*, Saint-Denis, Sceaux.
SEINE-ET-MARNE	*Melun*, Coulommiers, Fontainebleau, Meaux, Provins.
SEINE-ET-OISE	*Versailles*, Corbeil, Etampes, Mantes, Pontoise, Rambouillet.
SEINE-INFÉRIEURE	*Rouen*, Dieppe, Le Havre, Neufchâtel, Yvetot.
SÈVRES (DEUX-)	*Niort*, Bressuire, Melle, Parthenay.
SOMME	*Amiens*, Abbeville, Doullens, Montdidier, Péronne.
TARN	*Albi*, Castres, Gaillac, Lavaur.
TARN-ET-GARONNE	*Montauban*, Castel-Sarrasin, Moissac.

DÉPARTEMENTS.	SOUS—PRÉFECTURES.
VAR	*Draguignan*, Brignoles, Grasse, Toulon.
VAUCLUSE	*Avignon*, Apt, Carpentras, Orange.
VENDÉE	*Napoléon-Vendée*, Fontenay, Les Sables-d'Olonne.
VIENNE	*Poitiers*, Châtellerault, Civray, Loudun, Montmorillon.
VIENNE (HAUTE-)	*Limoges*, Bellac, Rochechouart, Saint-Yrieix.
VOSGES	*Epinal*, Mirecourt, Neufchâteau, Remiremont, Saint-Dié.
YONNE	*Auxerre*, Avallon, Joigny, Sens, Tonnerre.

2° DIVISIONS MILITAIRES.

Sous le rapport militaire, la France est partagée en cinq *Commandements supérieurs* confiés à cinq *Maréchaux de France*. Chaque commandement comprend un certain nombre de *divisions* soumises à l'autorité de *Généraux de division*. Il y a en France 21 divisions militaires. Chacune de ces divisions est désignée par un n° d'ordre, et renferme une ou plusieurs subdivisions. La subdivision militaire, que commande un *Général de brigade,* comprend un ou plusieurs départements.

Les cinq commandements supérieurs ont pour siéges :

Paris.   Toulouse.
Nancy.   Tours.
Lyon.

Voici les chefs-lieux des divisions militaires avec le n° d'ordre de chacune d'elles :

1. Paris.
2. Rouen.
3. Lille.
4. Châlons.
5. Metz.
6. Strasbourg.
7. Besançon.
8. Lyon.
9. Marseille.
10. Montpellier.
11. Perpignan.
12. Toulouse.
13. Bayonne
14. Bordeaux.
15. Nantes.
16. Rennes.
17. Bastia.
18. Tours.
19. Bourges.
20. Clermont-Ferrant.
21. Limoges.

3° DIVISIONS JUDICIAIRES.

Dans chaque chef-lieu de canton il y a une *justice de paix;* chaque arrondissement possède un *tribunal civil* ou de *première instance.* Ces différents tribunaux

sont dans le ressort de 27 *cours impériales* ou *cours d'appel*.

Les chefs-lieux des cours impériales sont :

Agen.	Colmar.	Nimes.
Aix.	Dijon.	Orléans.
Amiens.	Douai.	Paris.
Angers.	Grenoble.	Pau.
Bastia.	Limoges.	Poitiers.
Besançon.	Lyon.	Rennes.
Bordeaux.	Metz.	Riom.
Bourges.	Montpellier.	Rouen.
Caen.	Nancy.	Toulouse.

4° DIVISIONS ECCLÉSIASTIQUES.

Sous le rapport ecclésiastique, la France est partagée en 81 *diocèses,* dont 15 sont des *archevêchés,* et 66 des *évêchés suffragants.*

Le tableau suivant fait connaître les siéges des archevêchés et des évêchés qui en dépendent.

ARCHEVÊCHÉS.	ÉVÊCHÉS SUFFRAGANTS.
Aix.	Ajaccio, Alger, Digne, Fréjus, Gap, Marseille.
Albi.	Cahors, Mende, Perpignan.

ARCHEVÊCHÉS.	ÉVÊCHÉS SUFFRAGANTS.
Auch.	Rhodez, Aire, Bayonne, Tarbes.
Avignon.	Montpellier, Nîmes, Valence, Viviers.
Besançon.	Belley, Metz, Nancy, Saint-Dié, Strasbourg, Verdun.
Bordeaux.	Agen, Angoulême, Luçon, Périgueux, Poitiers, La Rochelle.
Bourges.	Clermont, Limoges, Le Puy, Saint-Flour, Tulle.
Cambrai.	Arras.
Lyon.	Autun, Dijon, Grenoble, Langres, Saint-Claude.
Paris.	Blois, Chartres, Meaux, Orléans, Versailles.
Reims.	Amiens, Beauvais, Châlons, Soissons.
Rouen.	Bayeux, Coutances, Evreux, Séez.
Sens.	Moulins, Nevers, Troyes.
Toulouse.	Carcassonne, Montauban, Pamiers.
Tours.	Angers, Le Mans, Nantes, Quimper, Rennes, Saint-Brieuc, Vannes.

5° DIVISIONS ACADÉMIQUES.

Pour la direction de l'instruction publique, la France est partagée en 16 circonscriptions que l'on appelle *académies*. Chaque académie est soumise à l'autorité d'un *Recteur*, assisté d'un *Conseil académique* et d'autant d'*Inspecteurs d'académie* qu'il y a de départements dans son ressort.

Les chefs-lieux d'Académie sont :

Aix.	Clermont.	Lyon.	Poitiers.
Besançon.	Dijon.	Montpellier.	Rennes.
Bordeaux.	Douai.	Nancy.	Strasbourg.
Caen.	Grenoble.	Paris.	Toulouse.

6° SERVICE MARITIME.

Les côtes de la France sont partagées en cinq *arrondissements maritimes*, dont les chefs-lieux sont les cinq villes qui possèdent des ports militaires, savoir :

Cherbourg, Brest, Lorient, Rochefort, Toulon.

Les principaux ports marchands sont :

Dunkerque, Calais, Boulogne, Dieppe, Le Hâvre, Rouen, Saint-Malo, Morlaix, Nantes, La Rochelle, Rochefort, Bordeaux, Bayonne, Cette, Marseille, Antibes.

APERÇU GÉNÉRAL.

NOTIONS HISTORIQUES.

La France actuelle occupe à peu près tout le pays que l'on appelait la *Gaule*. Cette contrée fut soumise pendant plus de 500 ans aux *Romains*, qui y apportèrent leurs mœurs, leurs lois, leur industrie et leur religion ; elle passa ensuite, vers le V° siècle, sous la domination des *Francs*, peuples sortis du nord de l'Allemagne. C'est de leur nom qu'elle a pris celui de *France*.

Depuis cette époque, la France a formé un *État* particulier qui a toujours conservé son indépendance, malgré les vicissitudes sans nombre et les transformations diverses qu'ont subies sa puissance et son gouvernement.

La France est gouvernée par un *Empereur*, qui est assisté par un *Sénat*, un *Conseil d'état* et un *Corps législatif*.

DESCRIPTION GÉNÉRALE.

Les provinces du Nord de la France offrent de vastes plaines généralement fertiles, parsemées de petites collines et coupées par les montagnes des Ardennes; celles de l'Est, au contraire, présentent un sol montueux que dominent les montagnes couvertes de forêts des Vosges, de la Côte-d'Or et du Jura.

A l'Ouest, on remarque un terrain peu accidenté et des cantons peu fertiles; au Centre, les plaines si belles et si riches de la Touraine et du Berri que bornent les monts d'Auvergne et les Cévennes.

Au Sud-Ouest, sont les plaines stériles connues sous le nom de *Landes;* au Midi, les Pyrénées avec leurs pics élevés et leurs profondes vallées. Enfin au Sud, on rencontre les Alpes et les pays riches et pittoresques qui s'étendent à leur pied.

Cinq grands fleuves et un grand nombre de rivières arrosent la France, et augmentent encore la fertilité naturelle de son sol; des routes, des canaux et des chemins de fer la sillonnent dans tous les sens et favorisent partout l'agriculture, le commerce et l'industrie.

En raison de la position astronomique de la France, son climat est généralement tempéré. Cependant, au nord, les hivers sont presque toujours longs et rigoureux, tandis que, dans le midi, ils ne se font que faiblement sentir et ont peu de durée.

Le ciel de la France est ordinairement pur, et son atmosphère salubre.

PRODUCTIONS NATURELLES.

RICHESSES MINÉRALES. — La richesse minérale de la France est assez grande. On rencontre en abondance du *granit*, du *cristal de roche* et du *porphyre* dans les Vosges et les Alpes; des *marbres* magnifiques dans les Pyrénées; des *ardoises* dans les Ardennes; des *pierres lithographiques* dans la Côte-d'Or et le Berri, des *pierres meulières* dans les départements de Seine-et-Marne et de Seine-et-Oise; des *sources salées* et des mines de *sel gemme* dans le département de la Meurthe; de la *tourbe* dans presque toutes les vallées profondes; de la *houille* dans les départements du Nord, de la Nièvre, de Saône-et-Loire, du Puy-de-Dôme, de l'Aveyron, du Calvados, de l'Allier, de la Moselle, de la Vendée, de la Loire-Inférieure; et enfin des *bitumes minéraux* en Alsace, dans la partie méridionale du Jura et dans les Landes.

D'un autre côté, on exploite du *fer* dans toutes les chaînes de montagnes et dans les départements qui les avoisinent; on tire de l'*antimoine* dans les monts d'Auvergne; du *plomb* uni à l'*argent*, en

Alsace, dans le Finistère, dans la Lozère, dans la Loire, etc.

L'*or*, que charrient quelques rivières qui descendent des Alpes et des Pyrénées, offre une mine dans l'Isère. L'*argent* et le *cuivre* ne sont pas exploités en France.

RICHESSES VÉGÉTALES. — La France doit à sa situation dans la zone tempérée, à la fertilité de son sol et à l'industrie de ses habitants, le précieux avantage de pouvoir pratiquer avec succès tous les genres de culture; aussi ses richesses végétales ne le cèdent-elles en rien à celles d'aucun autre pays.

Les principales céréales de la France sont le *blé*, le *seigle*, l'*avoine*, l'*orge*, le *maïs* et le *sarrasin*. Les provinces qui les produisent en plus grande abondance sont celles qui sont situées dans la moitié septentrionale de son territoire.

La *betterave à sucre* est cultivée dans la Flandre et l'Artois; le *houblon*, en Alsace et dans plusieurs des départements du Nord. Le Midi de la France produit des *orangers*, des *mûriers*, des *citronniers*, des *grenadiers*, des *câpriers*, des *pistachiers*, des *oliviers*, etc.; les provinces du Centre et de l'Est fournissent du *lin* et du *chanvre*. Enfin la *pomme de terre*, les *légumes*, un grand nombre d'*arbres fruitiers* et de plantes *oléagineuses* et *tinctoriales* sont répandus partout.

La culture du *tabac* n'est autorisée que dans les départements du Nord, du Pas-de-Calais, de la Meurthe, du Bas-Rhin, d'Ille-et-Vilaine, du Lot et du Lot-et-Garonne.

Si l'on en excepte quelques départements du Nord-Ouest, toutes les provinces de la France cultivent la vigne avec plus ou moins de résultat. Les vins les plus estimés sont ceux d'Alsace, de Champagne, de Bourgogne, du Roussillon et du Bordelais.

Les bois de construction, de menuiserie et de charronage ne sont pas rares en France. Les parties les plus riches en forêts sont les Ardennes, les Vosges, le Jura, la Côte-d'Or, les Cévennes, le Berri, les Landes, les Pyrénées et les Alpes.

PRODUCTIONS ANIMALES. — Les animaux domestiques les plus communs en France, sont :

1° Les *chevaux*, dont les meilleurs sont ceux de la Normandie, des Ardennes, de la Bretagne et de la Camargue, île formée entre les deux principales branches du Rhône, près de son embouchure;

2° Les *bœufs*, dont les plus estimés sont ceux des Vosges, du Jura, de l'Auvergne, du Limousin, de la Normandie et des départements arrosés par la Loire et la Garonne;

3° Les *mulets* et les *ânes*, que l'on emploie généralement dans les pays de montagnes;

4° Les *moutons*, dont on compte de nombreux troupeaux en Flandre, dans l'Artois, en Auvergne et dans presque tous les départements du Midi ;

5° Les *porcs*, que l'on élève en grand nombre dans la Champagne, dans la Lorraine, dans la Bourgogne et dans le Lyonnais.

Des *volailles* de toutes les espèces et des *oiseaux* de tous genres peuplent nos basses-cours et nos forêts ; une grande variété de *poissons* habitent nos rivières et nos étangs. On doit aussi mentionner les *abeilles* et les *vers-à-soie* dont les produits sont si importants.

Parmi les quadrupèdes sauvages, on peut citer les *sangliers*, les *chevreuils*, les *loups* et les *renards*, qui se trouvent dans presque tous les grands bois ; l'*ours brun*, que l'on rencontre dans les Alpes et les Pyrénées ; le *chamois* et le *bouquetin* qui habitent les Alpes.

Le seul reptile dangereux qu'on trouve en France est la *vipère*.

INDUSTRIE ET COMMERCE.

L'industrie française s'exerce sur tous les genres de travaux, et presque toujours avec un plein succès : le grand nombre de distinctions honorifiques qu'elle a obtenues aux expositions universelles de Londres et de Paris, ont démontré qu'elle peut rivaliser heureusement avec les industries étrangères les plus renommées.

Le commerce de la France s'étend dans toutes les parties du Monde; elle y exporte des produits manufacturés, ses excédants en vins et en céréales, et reçoit en échange des denrées propres à alimenter son industrie.

La France marche à la tête des nations sous le rapport des sciences et des arts, et sa langue est devenue une langue universelle.

GÉOGRAPHIE PHYSIQUE.

Golfes. — Les principaux golfes de la France sont :

Dans la Manche, les golfes de la *Seine* et de *Saint-Malo ;*

Dans l'Océan Atlantique, les baies de *Brest* et de *Bourgneuf,* le bassin d'*Arcachon* et le grand golfe de *Gascogne*, appelé aussi *Mer de France ;*

Dans la Méditerranée, le golfe de *Lyon* ou du *Lion.*

Iles. — Les îles qui sont près des Côtes de France et qui appartiennent à son territoire, sont :

Dans l'Océan Atlantique, les îles d'*Ouessant,* de *Sein,* des *Glénans,* de *Groix,* de *Belle-Ile,* de *Noirmoutier,* l'île *Dieu,* l'île de *Ré* et l'île d'*Oléron ;*

Dans la Méditerranée, l'île de *Corse,* les îles d'*Hyères* et des *Lérins.*

Caps. — Les principaux caps de la France sont :

Le cap *Gris-Nez*, sur les côtes du Pas-de-Calais ;

La pointe de *Barfleur* et le cap de *La Hague*, au N. et N.-O. du département de la Manche ;

Le cap de *Penmarch*, au S. du département du Finistère.

Montagnes. — Parmi les chaînes de montagnes de la France on en distingue *deux grandes* et *cinq petites*.

Les deux grandes sont les *Alpes* et les *Pyrénées* ;

Les cinq petites sont les *Vosges*, le *Jura*, les *Cévennes*, les monts d'*Auvergne* et les monts de la *Corse*.

Les plus hauts sommets de chacune de ces chaînes de montagnes, sont : le mont *Pelvoux*, qui a 4,000 mètres d'élévation, dans les Alpes; les *Pics du Midi* (3,500 mèt.), dans les Pyrénées ; le *Ballon-d'Alsace* (1,500 mèt.), dans les Vosges; le *Reculet* (1,700 mèt.), dans le Jura ; le mont *Mézin*

(1,800 mèt.), dans les Cévennes; et le mont *Dore*
(1,900 mèt.), dans les monts d'Auvergne.

Fʟᴇᴜᴠᴇs ᴇᴛ Rɪᴠɪèʀᴇs. — Voici les noms
des fleuves les plus importants de la France
et de leurs affluents principaux, avec l'indication des mers qui les reçoivent.

Dans la mer du Nord se jettent :

Le Rʜɪɴ, dont les affluents coulant
en France sont l'*Ill* et la *Moselle;*
La Mᴇᴜsᴇ;
L'Esᴄᴀᴜᴛ;

Dans la Manche :

La Sᴏᴍᴍᴇ;
La Sᴇɪɴᴇ, qui reçoit l'*Aube*, l'*Yonne*,
le *Loing*, la *Marne*, l'*Oise* et l'*Eure;*
L'Oʀɴᴇ.

Dans l'Océan Atlantique :

La Vɪʟᴀɪɴᴇ;
La Lᴏɪʀᴇ, qui reçoit l'*Allier*, la
Nièvre, le *Loiret*, le *Cher*, l'*Indre*,
le *Maine*, formé par la réunion
de la *Mayenne*, de la *Sarthe* et
du *Loir*, et la *Sèvre-Nantaise;*

La Sèvre-Niortaise ;

La Charente ;

La Garonne qui, à son embouchure, prend le nom de Gironde et qui reçoit l'*Ariége*, le *Tarn*, le *Lot* et la *Dordogne;*

L'Adour.

Dans la Méditerranée :

L'Aude ;

L'Hérault ;

Le Rhône, qui reçoit l'*Ain*, la *Saône*, l'*Isère*, la *Drôme*, l'*Ardèche*, la *Durance* et le *Gard;*

Le Var.

Les fleuves de France peuvent se classer dans l'ordre suivant, d'après l'étendue de leurs cours : le Rhin, 1,500 kilom.; la Loire, 1,150 kil.; le Rhône, 800 kil.; la Seine, 780 kil.; et la Garonne avec la Gironde, 570 kil.

Canaux. — On appelle *canal* une voie navigable creusée par la main des hommes pour relier entre eux, ou avec la mer, les fleuves et les principales rivières, et cela, afin de faciliter le transport des marchandises.

Voici les *six* lignes de navigation intérieure formées en France par les fleuves, les rivières et les canaux :

1° De la Méditerranée à la Manche et à la mer du Nord, par le Rhône, la Saône et le Rhin, unis par le *canal du Rhône au Rhin;*

2° De la Méditerranée à la Manche et à la mer du Nord, par le Rhône, la Saône, l'Yonne, la Seine, l'Oise, l'Escaut et la Somme. Ces cours d'eau sont unis par les canaux suivants :

Le *canal de Bourgogne,* entre la Saône et l'Yonne ;

Le *canal de Saint-Quentin,* entre l'Oise et l'Escaut ;

Le *canal de la Somme*, qui se rattache au canal de Saint-Quentin.

3° De la Méditerranée à la Manche et à

la mer du Nord, par le Rhône, la Saône, la Loire, la Seine, l'Oise et l'Escaut.

Les canaux de jonction sont :

Le *canal du Centre*, entre la Saône et la Loire ;

Le *canal latéral à la Loire* ;

Le *canal de Briare*, entre la Loire et le Loing ;

Le *canal du Loing*, entre cette rivière et la Seine.

4° De la Méditerranée à l'Océan atlantique, par le Rhône, la Saône et la Loire, au moyen des canaux suivants :

Le *canal du Berri*, entre la Loire et le Cher ;

Le *canal de Nantes à Brest*.

5° De la Méditerranée à l'Océan atlantique, par le Rhône, l'Hérault et la Garonne.

Les canaux de jonction sont :

Le *canal de Beaucaire*, entre le Rhône et Aigues-Mortes ;

Le *canal du Midi* ou *du Languedoc*, entre l'Hérault et la Garonne;

Le *canal latéral à la Garonne*.

6° De la Manche au Rhin, par la Seine, la Marne et le *canal de l'Est* ou de la *Marne au Rhin*.

CHEMINS DE FER. — Les principales lignes de chemins de fer exécutées jusqu'aujourd'hui, sont :

1° La *ligne du Nord*, qui va de Paris vers la Belgique, en passant par Amiens, Arras et Valenciennes;

2° La *ligne de l'Est* ou *de Strasbourg*, qui va de Paris à Strasbourg, et de *Strasbourg à Bâle*, en Suisse, en passant par Châlons-sur-Marne, Bar-le-Duc, Nancy, Strasbourg, Colmar et Mulhouse;

3° La *ligne du Sud-Est* ou *de Lyon et de la Méditerranée*, qui va de Paris à la Méditerranée, passant par Fontainebleau, Dijon, Châlons-sur-Saône, Mâcon, Lyon, Avignon et Marseille;

4° La *ligne du Centre* ou d'*Orléans*, al-

lant de Paris vers le Sud-Ouest, le Centre
et le Sud de la France ; il passe par Orléans, et communique, au moyen de di-
vers embranchements, à Nantes, à Limoges, à Bordeaux, etc. ;

5° La *ligne de l'Ouest*, de Paris à Brest ;

6° La *ligne de Paris à Rouen et au
Havre*.

CHAPITRE VIII.

COLONIES DE LA FRANCE.

La France possède des colonies en Afrique, en Amérique, en Asie et dans l'Océanie.

Voici l'indication de ses principales possessions dans chaque partie du monde :

En Afrique : l'*Algérie*, les deux arrondissements de *Saint-Louis* et de *Gorée*, dans le Sénégal ; l'*île de la Réunion*, ancienne île Bourbon, et l'île *Sainte-Marie*, dans la mer des Indes.

L'Algérie, conquise sur les Arabes en 1830, est un pays vaste et fertile. Son climat est tempéré vers le nord, et très-chaud dans les parties méridionales. Sa population augmente de jour en jour, et, avec elle, son industrie et son commerce.

L'Algérie est soumise à l'autorité d'un Ministre-Gouverneur ; elle se divise en trois *préfectures* ou *provinces* qui ont pour chefs-lieux les villes d'*Alger*, d'*Oran* et de *Constantine*.

En AMÉRIQUE : la *Guyane française*, les *Antilles françaises*, qui comprennent la *Martinique*, la *Guadeloupe*, *Marie-Galante*, la *Désirade*, les *Saintes* et la majeure partie de l'*île Saint-Martin*; enfin les îles *Saint-Pierre* et *Miquelon*.

En ASIE : Cinq villes, chefs-lieux d'autant de districts, savoir : *Pondichéry*, *Karikal*, *Chandernagor*, *Yanaon* et *Mahé*.

Dans l'OCÉANIE : l'Archipel des *Marquises* et celui de *Taïti*, qui nous sont acquis depuis 1842.

Ces colonies, où nos lois et nos coutumes commencent à se répandre, sont, pour la mère-patrie, une source incalculable de richesses, par les produits nombreux et variés qu'elle en retire.

DES DIVERSES RACES D'HOMMES.

La population générale du globe s'élève à environ 900 millions d'habitants. D'après certains caractères extérieurs de conformation, l'espèce humaine se partage en trois races principales, la *blanche*, la *jaune* et la *noire*.

La *race blanche* ou *caucasique* est répandue dans l'Europe, la partie occidentale de l'Asie et le Nord de l'Afrique ; elle forme des Etats qui sont les plus civilisés de la terre.

La *race jaune* ou *mongolique*, qui habite la partie orientale de l'Asie, le N.-E. de l'Europe et une notable partie de l'Amérique et de l'Océanie, a compté quelques États remarquables par leur civilisation ; mais beaucoup d'hommes de cette race vivent encore à l'état sauvage.

La *race noire* ou *nègre*, répandue dans le centre de l'Afrique et dans une grande partie de l'Océanie, est la variété de l'espèce humaine la moins civilisée.

RELIGIONS PRINCIPALES.

Les religions les plus répandues peuvent se rapporter à quatre principales, qui sont :

Le *Christianisme*, comprenant l'Eglise catholique, les Eglises protestantes et les Eglises grecques, est professé par environ 400 millions d'hommes.

Le *Judaïsme*, ou religion juive, par 6 millions.

L'*Islamisme*, ou religion musulmane, par 120 millions.

L'*Idolâtrie*, par 374 millions.

Les peuples qui professent le christianisme sont, sans contredit, les plus civilisés; aussi doit-on considérer comme des apôtres de la civilisation, les missionnaires chrétiens qui vont porter chez les nations païennes les préceptes et les lumières de l'Evangile.

TABLE DES MATIÈRES.

Chapitre V. — Amérique.

Chapitre VI. — Océanie.

Chapitre VII. — France.

SECTION PREMIÈRE. — GÉOGRAPHIE POLITIQUE.

SECTION DEUXIÈME. — APERÇU GÉNÉRAL.

SECTION TROISIÈME. — GÉOGRAPHIE PHYSIQUE.

Chapitre VIII. — Colonies de la France.

FIN DE LA TABLE.

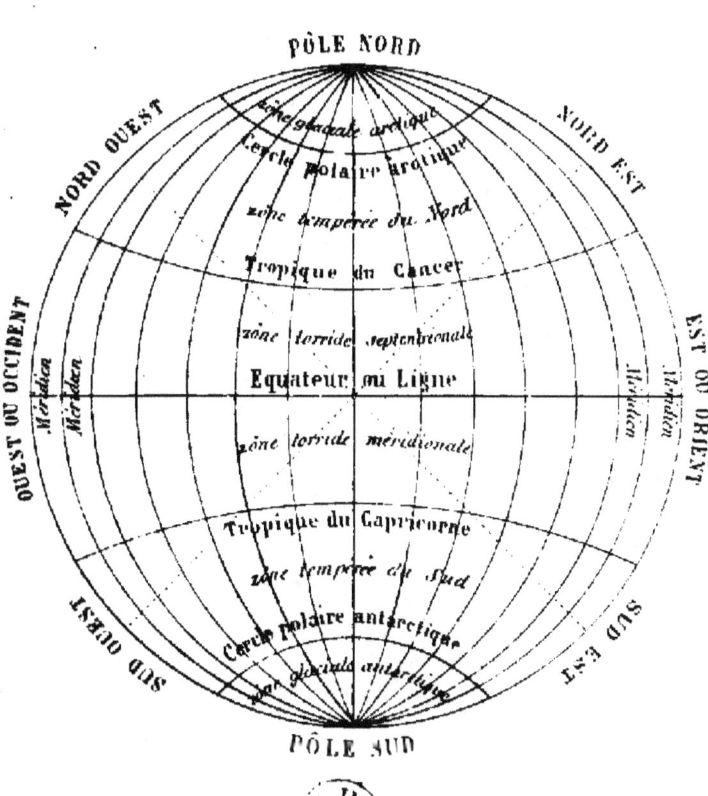

PÔLE NORD
NORD OUEST
NORD EST
zône glaciale arctique
Cercle polaire arctique
zône tempérée du Nord
Tropique du Cancer
zône torride septentrionale
Equateur ou Ligne
zône torride méridionale
Tropique du Capricorne
zône tempérée du Sud
Cercle polaire antarctique
zône glaciale antarctique
OUEST OU OCCIDENT
EST OU ORIENT
Méridien
Méridien
Méridien
Méridien
SUD OUEST
SUD EST
PÔLE SUD